LES JEUX OLYMPIQUES

D'HIER À AUJOURD'HUI

À mes enfants,
À celles et ceux qui aiment le sport,
Aux championnes et champions d'hier et d'aujourd'hui,
qui nous font rêver et nous invitent à nous dépasser

M. W.

Éditions Flammarion – 87, quai Panhard-et-Levassor – 75647 Paris Cedex 13
ISBN : 9782081518773 – ISSN : 1275-6008

LES JEUX OLYMPIQUES

D'HIER À AUJOURD'HUI

Magali Wiéner

CASTOR DOC

SOMMAIRE

INTRODUCTION

Le 23 juillet 2021 s'ouvriront à Tokyo les Jeux olympiques de la XXXIIe olympiade. Ces Jeux se dérouleront sous-haute surveillance et dans un contexte très particulier. En effet, la pandémie de Covid-19 a décalé d'un an la cérémonie. Il n'y aura pas de spectateurs étrangers, pour respecter les mesures sanitaires draconiennes. Ces Jeux olympiques seront suivis à distance grâce aux chaînes de télévisions et permettront au plus grand nombre de suivre les différentes épreuves sportives.

L'idée de faire du sport un ciment pacifique entre les nations, d'organiser des rencontres grandioses où le corps est magnifié par l'exploit n'est pas nouvelle, elle date de la Grèce antique.

Ce livre propose de parcourir l'histoire des Jeux olympiques des origines à nos jours en réfléchissant sur les faits marquants : les sports et leur évolution, la place de la politique internationale, les symboles forts du mouvement olympique, la lutte contre le gigantisme et le dopage qui ternissent l'esprit des Jeux. Et plus récemment, l'engagement du mouvement olympique dans la lutte contre les inégalités et le soutien aux réfugiés.

1 LES JEUX ANTIQUES

De leur création (776 av. J.-C.) à la destruction du site (561 apr. J.-C.)

Il y a très longtemps en Grèce

C'est en Grèce, à l'ouest du Péloponnèse, en Élide, à Olympie, un lieu sacré, qu'eurent lieu les premiers Jeux qui furent dès lors appelés « olympiques ». Les dater précisément est difficile, mais de tels rassemblements semblent avoir existé au XVe siècle av. J.-C. Au programme : course de chars, pugilat, course à pied, escrime, lancer de disque et tir à l'arc.

Le pugilat est un sport de combat à coups de poing, proche de la boxe.

Des fondateurs légendaires

Selon la mythologie, les premiers Jeux ont été inventés par Zeus ou par Pélops. Le demi-dieu Héraclès est également associé à leur légende :

Zeus, le dieu des dieux, régnait sur le ciel et la terre. Les concours sportifs sont l'occasion de rendre hommage à sa puissance.

Pélops organise les premiers Jeux olympiques, en guise de jeux funèbres à la mémoire de son rival.

après son cinquième travail, en Élide, il remercia son père, Zeus, par une fête. Il dessina l'enceinte sacrée, l'Altis, planta des oliviers et fit construire le sanctuaire de Pélops. Il organisa ensuite des épreuves sportives. Avant d'être oubliés, ces premiers Jeux furent maintenus par Oxylos, roi d'Élis, qui passe parfois pour leur fondateur.

Si tu veux la paix, prépare les Jeux

En 884 av. J.-C., pour mettre un terme à la guerre contre Sparte et éradiquer la peste qui ravageait son pays, Iphitos, le roi d'Élide, suivit le conseil de l'oracle de Delphes et remit à l'honneur les Jeux d'Olympie. Il instaura une trêve sacrée qui, pendant la durée des Jeux, suspendait toute guerre et fit d'Olympie un territoire neutre et sacré, inviolable.

À Delphes, la Pythie, une prophétesse inspirée par Apollon, répondait aux questions que les fidèles lui posaient.

Cette trêve sacrée fut violée à deux reprises : en 748 av. J.-C., lors d'un conflit opposant les habitants de Pisa aux Éléens, et en 364 av. J.-C. par les Arcadiens, qui, en punition, n'eurent pas le droit de participer aux Jeux.

Une date officielle : 776 av. J.-C.

L'année 776 av. J.-C. est la date officielle retenue par l'historien grec Timée de Taormine. À partir de cette année-là, les noms des vainqueurs furent officiellement répertoriés et gravés dans la pierre. Le vainqueur de la course du stade donna son nom à l'olympiade : ainsi nous savons que le premier s'appelait Koroïbos d'Élis. Les Jeux avaient lieu tous les quatre ans, de fin juillet à début septembre, à l'époque de la pleine lune.

Les Jeux pouvaient attirer jusqu'à 50 000 spectateurs qui assistaient aux compétitions assis par terre, car il n'y avait pas encore de gradins.

« Athlète » vient du grec *athlon*, qui signifie « combat » ou « récompense ». Sur ce mot grec sont formés les mots « biathlon » (deux épreuves), « triathlon » (trois), « pentathlon » (cinq), et « décathlon » (dix).

Le sentiment d'unité nationale

Les Jeux olympiques ont fait naître chez les Grecs un sentiment national fort, fondé sur le patriotisme et l'unité religieuse. La trêve sacrée leur permettait de se sentir unis : ils partageaient une culture et des valeurs communes, un idéal, leur attachement à leur pays et dépassaient les querelles entre cités en s'opposant symboliquement par l'intermédiaire de leurs athlètes.

Beauté du geste et de l'esprit

Pendant les Jeux, les Grecs affirmaient leur goût du sport non pour la performance mais pour la philosophie qui y était associée : valorisation de

LES AUTRES JEUX GRECS

L'âge d'or des Jeux olympiques se situe entre le VIe et le Ve siècle av. J.-C. À la même époque, d'autres villes de Grèce organisent leurs Jeux. Chaque fois, une trêve sacrée est instituée.

➔ **Les Jeux de Delphes** (ou Jeux pythiques) sont institués en 582 av. J.-C. Ils ont lieu tous les quatre ans (deux ans après les Jeux olympiques), en l'honneur d'Apollon (dieu des arts et de la musique). Aux épreuves sportives s'ajoutent des concours musicaux.

l'effort, endurance, courage et force d'âme. En effet, la beauté et la précision des gestes de l'athlète résultaient d'un long entraînement. Cette harmonie du corps souple et musclé inspira sculpteurs et poètes, peintres et musiciens.

Des jeux et des dieux

Avant d'être une compétition sportive, les Jeux olympiques étaient une cérémonie religieuse qui célébrait Zeus et Héra, sa femme. D'ailleurs Olympie n'était pas une cité, mais un sanctuaire.

Décor d'une amphore grecque antique représentant un pugilat.

Les Jeux de Corinthe (ou Jeux isthmiques) sont créés en 581 av. J.-C. en l'honneur de Poséidon (dieu de la mer). Ils se déroulent tous les deux ans et le vainqueur reçoit une couronne d'ache (plante herbacée proche du céleri).

Les Jeux de Némée ont lieu pour la première fois en 573 av. J.-C. Ils sont organisés tous les deux ans, entre les Jeux olympiques et les Jeux de Delphes, en l'honneur de Zeus, comme à Olympie. Là aussi, le vainqueur remporte une couronne de feuillage.

De nombreux temples

À côté du temple d'Héra et du sanctuaire de Pélops se trouvait le temple de Zeus, le plus grand temple de la Grèce continentale de l'époque. À l'intérieur se dressait l'imposante statue (haute de 13 m) chryséléphantine (en or et ivoire) de Zeus assis sur son trône, réalisée par Phidias. Pour rendre hommage aux dieux, chaque cité faisait élever un édifice (les ruines de douze d'entre eux ont été découvertes) et offrait d'importantes richesses.

La statue de Zeus faisait partie des sept merveilles du monde. Elle a été déplacée à Constantinople (Istanbul), malheureusement un incendie l'a détruite en 475 apr. J.-C.

Deux lieux pour s'entraîner

À l'ouest de l'enceinte sacrée se trouvait le gymnase, qui se divisait en deux bâtiments. La palestre est une vaste cour carrée de 66 m de côté, bordée de magnifiques portiques, où les athlètes s'entraînaient aux sports de lutte et au saut en longueur. Plusieurs salles ouvrent sur cette cour : le vestiaire, les réserves pour le matériel (disques, javelots, haltères), une pièce pour se laver et une salle de conférences. Le xyste est une galerie couverte à double colonnade qui s'étend sur 210 m de long. Son sol parfaitement aplani permettait de s'exercer à la course à pied à l'abri de la pluie. C'est aussi là que les athlètes tentaient d'améliorer leurs performances au lancer du disque et du javelot.

Stade et hippodrome

Le stade est un rectangle de 210 m sur 30 m. La piste en forme de U, délimitée par quatre talus, pouvait accueillir vingt coureurs. Chacun disposait d'un couloir de 1,22 m de large, bordé de poteaux de bois ou de bronze. Des plots en pierre indiquaient le départ et l'arrivée. Non loin du stade, l'hippodrome (215 m de long et 30 m de large) offrait sa piste pour les courses de chars et les chevaux.

Chez les Grecs, le stade représente une unité de longueur et non un lieu. Le stade olympique mesure 192,27 m, soit d'après la légende 600 fois le pied d'Héraclès.

Des conditions peu confortables

Une hôtellerie était mise à la disposition des personnalités. Les spectateurs moins fortunés dormaient à la belle étoile ou sous des tentes et achetaient leur nourriture aux marchands ambulants. Les athlètes étaient logés au Prytanée (Ve siècle av. J.-C.)

On vit à Olympie Platon, Hérodote, Pindare, Thémistocle et Alcibiade.

Des gradins aménagés sur les versants de la colline pouvaient accueillir entre 20000 et 40000 spectateurs.

Le stade d'Olympie aujourd'hui : sur les talus, 20000 spectateurs pouvaient assister aux épreuves.

D'abord réservées aux plus riches, les cités décidèrent d'aider les athlètes moins aisés à particper aux olympiades.

ou dans des bâtiments provisoires construits autour du sanctuaire. Trente jours avant le début des épreuves, la ville d'Élis, située à 57 km d'Olympie, les accueillaient. Ils étaient alors soumis à un entraînement très strict et dormaient à même le sol sur des peaux de bêtes.

Réservé aux hommes libres

Pour participer, il fallait être un citoyen grec, être pur, c'est-à-dire n'avoir commis aucun crime. Parmi les athlètes, aucun esclave, aucun étranger, aucune femme, aucun condamné. Les athlètes concouraient nus, le corps recouvert d'huile et de sable fin pour assouplir les muscles et surtout pour gêner l'adversaire lors de la lutte. L'épreuve

Un athlète grec lance le disque. Copie romaine d'un bronze du Ve siècle av. J.-C.

terminée, ils enlevaient la poussière et la sueur à l'aide d'un strigile (petit racloir en bois ou en fer recourbé) avant de se laver.

La conquête romaine (vers le IIe siècle av. J.-C.) permit aux Romains de concourir. L'empereur Néron lui-même participa en 67 apr. J.-C. et sortit vainqueur... après avoir acheté ses concurrents.

Interdits aux femmes ?

Les Jeux étaient une affaire d'hommes. Si une femme mariée était aperçue sur le site olympique, elle était condamnée à mort. Seule la prêtresse de Déméter et des jeunes filles pouvaient pénétrer dans le sanctuaire et assister aux cérémonies, mais non aux épreuves. Cependant, une fois les épreuves masculines terminées, les femmes athlètes pouvaient concourir sur le stade olympique raccourci d'un sixième de sa longueur. Les gagnantes recevaient une couronne d'olivier et

Déméter est la déesse de la terre et des moissons.

CONSEILS AUX ATHLÈTES

Voici les conseils d'Épictète, philosophe grec (50-130 apr. J.-C.), destinés aux athlètes se préparant pour les Jeux :

Tu devras te plier à une sévère discipline, manger d'après ordonnance, renoncer à la pâtisserie, tu devras suivre, à heure fixe, un entraînement forcé, qu'il fasse chaud ou qu'il fasse froid. Tu ne devras boire ni eau froide, ni vin, quand tu en as envie : bref, tu dois te livrer à ton maître comme à un médecin.

une part de la vache sacrifiée à Héra, déesse qui donna le nom à ces jeux féminins : les Héraia.

Le déroulement des Jeux

Depuis 572 av. J.-C., les Éléens étaient chargés d'organiser les fêtes.

Pour fêter l'ouverture des Jeux, on allumait une flamme en haut du mont Olympe. Celle-ci était ensuite transportée jusqu'au stade, où elle brûlait pendant les Jeux.

Au début, les épreuves se déroulaient sur sept jours puis leur durée fut ramenée à cinq. La cité organisatrice désignait dix arbitres tirés au sort, les hellanodiques (ce qui, en grec, signifie « les juges des Grecs »), qui fixaient les dates puis établissaient le règlement et le déroulement des compétitions. Deux jours avant l'ouverture, les athlètes rejoignaient à pied le site d'Olympie (57 km), encouragés par une foule nombreuse.

1er jour : cérémonie d'ouverture. Une proces-

TREIZE ÉPREUVES

À l'origine, il n'existait qu'une seule épreuve : la course du stade. Puis les épreuves se multiplièrent, on en comptait treize au Ve siècle av. J.-C.

Dix épreuves réservées aux adultes

• Quatre courses à pied :

le dromos : course simple sur la longueur du stade (192,27 m)

le diaulos : course double (2 stades, environ 400 m)

le dolichos : course longue (24 stades)

l'hoplitodrome (introduite lors de la 65e olympiade) : course en armes

sion pénétrait dans l'enceinte sacrée. Les prêtres effectuaient des sacrifices en l'honneur de Zeus et de Pélops. Ensuite les athlètes prêtaient serment et juraient de respecter le règlement. Les hellanodiques procédaient alors au tirage au sort des concurrents.

2e jour : courses à pied
3e jour : lutte, pugilat, pancrace
4e jour : courses hippiques
5e jour : pentathlon
6e jour : épreuves des juniors et des hoplites (athlètes en armes)
7e jour : remise des récompenses, procession de clôture, hymnes et banquet.

Le poète lyrique Pindare a laissé de magnifiques odes qui chantent la gloire des vainqueurs.

• Trois sports de combat :
la lutte, le pugilat et le pancrace, mélange de lutte et de boxe

• Le pentathlon (créé en 708 av. J.-C.) : course à pied, saut en longueur, lancer du disque, lancer du javelot, lutte

• Deux épreuves hippiques (introduites en 680 av. J.-C. et supprimées en 68 av. J.-C.) : course de chars à quatre chevaux (les quadriges) puis à deux chevaux (les biges) et course de cavaliers seuls

Trois épreuves juniors

le dromos, la lutte, le pugilat.

Le mot grec *dromos* (la course) se retrouve dans les mots français dromadaire (chameau de course), hippodrome (terrain de course pour les chevaux), vélodrome (piste pour les vélos).

Récompenses des vainqueurs

Les athlètes cherchaient à établir et non à inscrire un record.

La victoire se dit *nikè* en grec. C'est le nom qui accompagne Athéna la victorieuse. Ce nom est celui choisi astucieusement pour une marque américaine d'équipement de sport.

Pour les Grecs, les jeux (*agôn*) étaient une compétition, un concours qui devait désigner les meilleurs, les élus des dieux. Ceux-ci étaient récompensés par une couronne d'olivier sauvage tressé. Les vainqueurs, auréolés d'une immense gloire, étaient l'honneur de leur famille et de leur cité. Considérés comme immortels, ces champions étaient placés parfois parmi les dieux, une statue était dressée en leur mémoire et leur nom cité de génération en génération.

Des amendes pour les tricheurs

Malgré leur serment, certains athlètes trichaient. S'ils étaient découverts, ils étaient immédiatement exclus des Jeux pour le restant de leur vie. S'ils étaient surpris à tenter de corrompre les juges, ils devaient payer une amende et recevoir des coups de fouet administrés par les fonctionnaires de police qui aidaient les hellanodiques.

Les sommes récoltées servaient à faire réaliser des statues de Zeus en bronze, les Zanes, qui, placées dans le sanctuaire près du Trésor, rappelaient à tous que les Jeux devaient se dérouler dans le respect des règles.

Un procès aura lieu, mais qu'importe Alcibiade a été porté en triomphe.

Le tricheur le plus célèbre est sans doute Alcibiade. Ce jeune homme fortuné et ambitieux remporte une triple victoire au Ve siècle J.-C. qui est aussitôt contestée.

LE BON ATHLÈTE ET LE MAUVAIS ATHLÈTE

Selon Lucien, philosophe grec (125-192), seul le bon athlète peut être honnête :

Celui qui sait courir, aussitôt la barrière tombée devant lui, ne songe qu'à s'élancer sur la piste ; il ne pense qu'au but à atteindre ; il n'espère la victoire que de sa vitesse et ne cherche point à nuire à ses voisins, ne combine aucune manœuvre contre ses concurrents. Mais le mauvais athlète, incapable de remporter le prix et désespérant de l'obtenir par sa vitesse, a recours à la manœuvre déloyale. Il ne cherche qu'à arrêter son rival, à le gêner, à le faire tomber, car il sent bien que, s'il n'emploie pas de pareils moyens, il ne pourra jamais être vainqueur.

Deux athlètes nus à la course, tenant un flambeau de la main gauche. Vase grec à figures rouges. Env. 400 av. J.-C.

L'esprit olympique se dégrade

Bien vite, les vainqueurs ne se contentèrent plus de la couronne d'olivier et réclamèrent de l'argent. De leur côté, les spectateurs voulaient

DESTRUCTION ET RENAISSANCE DU SITE D'OLYMPIE

395 Les Goths pillent et détruisent partiellement le site.

426 Théodose II (408-450) fait incendier le temple de Zeus.

561 Un tremblement de terre finit de réduire à l'état de ruine ce site glorieux.

1723 Redécouverte du site par le savant français Bernard de Montfaucon.

1829 L'architecte français Abel Blouet découvre l'emplacement du temple de Zeus.

1881 L'Allemand Ernst Curtius engage de véritables fouilles archéologiques, poursuivies après 1930 sous la direction de Carl Diem, secrétaire de l'Institut olympique de Berlin.

2007 Des incendies ravagent la région du Péloponnèse et endommagent les environs du sanctuaire.
Des travaux de restauration sont aussitôt entrepris.

2008 Restriction de la circulation sur la route proche du sanctuaire afin de préserver le site fragilisé par la pollution, les vibrations...

voir de vrais exploits sportifs. L'appât du gain et la recherche de la performance vont nuire à l'esprit des Jeux. Après avoir conquis la Grèce, les Romains envisagèrent de supprimer les Jeux d'Olympie et d'organiser des Jeux à Rome. Mais ce n'est qu'en 393 apr. J.-C. que l'empereur chrétien Théodose Ier (347-395) interdit les Jeux, qu'il estimait néfastes au développement de la chrétienté. Ils auront duré 286 olympiades, soit presque douze siècles.

Depuis 1989, le site d'Olympie est ouvert aux visiteurs et classé au patrimoine mondial de l'Unesco.

2

LES JEUX RESTAURÉS

Des premiers JO d'Athènes (1896) aux Jeux de Londres (1908)

Olympie : lieu fascinant

Fascinés par les fouilles archéologiques menées sur le site d'Olympie, certains rêvaient de restaurer les Jeux olympiques. En Suède en 1834, puis en Angleterre en 1849, des épreuves sportives et des rencontres littéraires sont organisées sur le modèle antique. Il s'agit de remettre à l'honneur les valeurs chantées par Pindare : loyauté, respect, endurance, courage… Les Jeux, qui rassemblent toute la Grèce, sont rétablis en 1859, grâce à la générosité d'un riche donateur. Ils ont lieu aussi en 1870, 1875 et 1889. Mais le succès n'est pas au rendez-vous et l'expérience est abandonnée.

La victoire de Pierre de Coubertin

Le baron français Pierre de Coubertin, passionné de sport, organise de nombreuses réunions et cherche à restaurer « des Jeux olympiques à l'échelle du monde, ouverts à tous, à tous les pays, à toutes les races » . Le 25 novembre 1892, à la Sorbonne, il présente son projet. Seuls trois pays sont partants pour l'aventure : la Suède, la Nouvelle-Zélande et la Jamaïque. Le baron persévère et le 23 juin 1894, lors du congrès international athlétique de Paris, les douze pays représentés votent le rétablissement des Jeux.

Lors de ce congrès, le premier hymne olympique a été joué : une ode en hommage à Apollon écrite par Gabriel Fauré.

Le Comité international olympique

Les Jeux olympiques modernes rassemblent des athlètes de tous les pays. Conscient de la difficulté de mettre en place de telles rencontres internationales, Pierre de Coubertin propose

Portrait de Pierre de Coubertin (1863-1937), fondateur des Jeux olympiques modernes.

en 1895 la création d'un Comité international olympique (CIO) dont les quinze membres issus des différents pays s'engagent à organiser, à défendre et à promouvoir le Mouvement olympique. C'est à eux aussi que revient le choix de la ville hôte. Autorité suprême du Mouvement olympique, le CIO veille à l'organisation régulière des Jeux et se doit de défendre une image saine et positive du sport pour un monde meilleur et pacifique. Il lutte contre le dopage, condamne la discrimination, refuse la violence, valorise le fair-play et le respect d'autrui.

Le CIO siégea tout d'abord à Paris, puis en 1915 à Lausanne (Suisse).

Il est constitué du CIO, des Comités nationaux olympiques, des Comités d'organisation des Jeux olympiques.

L'olympisme est un idéal de paix, de justice, de coopération et de progrès.

???

PIERRE DE COUBERTIN (1863-1937)

- Aristocrate fortuné et grand amateur de sport, il tente d'imposer ses idées en matière d'éducation. Convaincu que la pratique d'exercices physiques aide à former une jeunesse exemplaire, il veut donner une place essentielle au sport à l'école.
Il devient le président de l'Union des sociétés françaises de sports athlétiques (USFSA) en 1891, après avoir exposé dans un livre ses idées et ses ambitions.

- Il est président du Comité international olympique de 1896 à 1925. Il meurt à 74 ans à Genève et, comme il l'avait demandé, son cœur repose à Olympie sous une stèle érigée à sa mémoire.

Chercher l'excellence

Se référant au modèle grec, Coubertin voyait dans le sport un moyen de valoriser l'homme par l'effort sportif. N'hésitant pas à choisir des formules bien frappées pour diffuser ses idées, il fit sienne la devise latine du père Henri Martin Didon (1840-1900) : *Citius, Altius, Fortius* (« Plus vite, plus haut, plus fort »). Il invitait ainsi chaque athlète à exceller, à devenir meilleur à force d'exercices et d'entraînements intensifs.

La médaille Pierre de Coubertin récompense l'esprit sportif des JO, depuis 1964. En 2016, la médaille revient à la coureuse néo-zélandaise Nikki Hamblin. Elle est venue en aide à son adversaire américaine, Abbey d'Agostino, sur la course du 5000 m.

Les premiers Jeux : Athènes 1896

Plusieurs villes auraient voulu organiser la première olympiade moderne mais le poids de l'Histoire désigna Athènes. Le don d'un million de drachmes par l'homme d'affaires Georgios Averoff, la vente de timbres et de médailles-souvenirs permirent de construire, sur le modèle du stade d'Olympie, le stade panathénaïque (70 000 places) et un vélodrome dans la banlieue d'Athènes. Les épreuves de natation se déroulèrent près du port, dans la baie du Pirée à plusieurs kilomètres d'Athènes, car la ville ne possédait pas de piscine !

Les 13 pays des Jeux de 1896 : Allemagne, Australie, Autriche, Bulgarie, Chili, Danemark, États-Unis, France, Grande-Bretagne, Grèce, Hongrie, Suède et Suisse.

Le soutien de la famille royale

Le 4 avril 1896, le roi de Grèce, Georges Ier, ouvre les Jeux olympiques en prononçant une phrase devenue légendaire : « Je déclare ouverts les Jeux

L'OLYMPISME

Pierre de Coubertin fixa les principes du Mouvement olympique dans une charte.

L'olympisme est une philosophie de la vie, exaltant et combinant en un ensemble équilibré les qualités du corps, de la volonté et de l'esprit. Alliant le sport à la culture et à l'éducation, l'olympisme se veut créateur d'un style de vie fondé sur la joie dans l'effort, la valeur éducative du bon exemple et le respect des principes éthiques fondamentaux universels. Le but de l'olympisme est de mettre partout le sport au service du développement harmonieux de l'homme en vue d'encourager l'établissement d'une société pacifique, soucieuse de préserver la dignité humaine.

Coubertin reprend une formule de l'évêque de Pennsylvanie Ethelbert Talbot, prononcée en juillet 1904, lors des Jeux de Saint Louis :

L'important dans ces olympiades n'est pas tant d'y gagner que d'y prendre part.

Il l'enrichit et en fait le credo olympique désormais célèbre qui figure sur le tableau d'ouverture :

Le plus important aux Jeux olympiques n'est pas de gagner mais de participer, car l'important dans la vie ce n'est point le triomphe mais le combat; l'essentiel, ce n'est pas d'avoir vaincu, mais de s'être battu.

de la première olympiade des temps modernes. » Des coups de canon retentissent, des pigeons sont lâchés et le drapeau de la Grèce est hissé sur le stade devant de nombreux spectateurs. Venus de treize pays, 245 athlètes masculins s'affrontent dans les quarante-trois épreuves réparties dans neuf sports différents : athlétisme, poids et haltères, lutte, escrime, tir, cyclisme, gymnastique, natation et tennis. Mais le manque d'enthousiasme de la presse nuit au rayonnement et à l'impact de ces Jeux qui se déroulent dans une certaine indifférence.

Les espoirs des Grecs ne sont pas déçus : le paysan grec, Spiridon Louys, remporte l'épreuve symbolique du marathon (40 km entre Marathon et Athènes).

Aucune femme n'est présente aux Jeux d'Athènes. Déjà dans les Jeux antiques, les hommes et les femmes ne concouraient pas en même temps.

Le stade panathénaïque d'Athènes, construit en 1896, a une piste de 185 m environ entourée de gradins.

Sport et Expositions universelles

L'Exposition universelle de 1900 attire 50 millions de visiteurs. Mais seuls 3 000 spectateurs suivront les épreuves.

Les Jeux des années suivantes se déroulent sur plusieurs mois, en même temps que d'autres manifestations d'importance. Les premiers, baptisés les Championnats d'Exposition, ont lieu à Paris en même temps que l'Exposition universelle de 1900. En 1904, les championnats à Saint Louis (États-Unis) se tiennent dans le cadre de la foire mondiale du centième anniversaire du rattachement de la Louisiane aux États-Unis. En 1908, les Jeux de Londres se produisent au même moment que l'Exposition universelle franco-anglaise qui célèbre le rapprochement politique entre les deux pays (l'Entente cordiale).

C'est Rome qui avait été initialement choisie mais, suite à l'éruption du Vésuve de 1906, le gouvernement italien devait avant tout penser à la reconstruction.

Une grande confusion

Faute d'une organisation structurée et de moyens conséquents, les épreuves des Jeux de Paris, en 1900, n'ont pas lieu en un seul endroit. Les nageurs se rendent à Asnières (dans la Seine), les joueurs de tennis sur l'île de Puteaux, les gymnastes à Vincennes, les cyclistes au Parc des Princes, les athlètes à la Croix-Catelan. Par ailleurs, comme aucune récompense n'a été prévue, les vainqueurs reçoivent des statuettes, des assiettes ou des portefeuilles… Ce n'est qu'en 1912 qu'une médaille leur sera remise ! En 1904, le long et coûteux voyage vers les États-Unis dissuada certains pays européens, dont la France, de participer aux Jeux. Les athlètes américains largement majoritaires remportèrent quasiment toutes les épreuves.

La France est représentée par un seul athlète, le marathonien Albert Coray, qui habite Chicago.

Racisme et sport

Les Jeux de Saint Louis sont restés dans l'histoire pour le scandale soulevé par les Journées anthropologiques, contraires aux principes olympiques d'égalité. En effet, pendant deux jours les spectateurs assistèrent à des démonstrations sportives destinées à tester les performances physiques des Pygmées, des Sioux, des Cocopas du Mexique, des Kaffirs africains… Les Américains, tenant ces peuples pour inférieurs, avaient refusé de les laisser concourir aux épreuves officielles et en firent des bêtes de cirque.

L'Américain George Poage fut le premier athlète noir à remporter une victoire : la 3e place au 200 m haies et au 400 m haies.

Un archer pygmée lors de l'épreuve de tir à l'arc aux Journées anthropologiques de Saint Louis.

Jeux olympiques de Londres, 1908. Le coureur italien vainqueur du marathon, Pietri Dorando, est disqualifié au profit de l'Américain John Hayes.

DES JEUX INTERCALÉS

En 1906, les Grecs, pour célébrer le 10e anniversaire des Jeux modernes, organisent, contre l'avis de Pierre de Coubertin, des Jeux intercalés. Ces jeux (qui ne figurent pas dans la chronologie officielle) ont lieu entre ceux de Saint Louis et ceux de Londres. Pour la première fois, les athlètes défilent au sein d'une équipe nationale derrière un drapeau.

Ouverture officielle

Sur le modèle des Jeux d'Athènes (1896), le roi d'Angleterre Édouard VII déclare le 13 juillet 1908 les Jeux de la IVe olympiade ouverts. Pour la première fois, les athlètes défilent vêtus d'une tenue de sport nationale. Chaque délégation avance derrière son drapeau et une pancarte indiquant le nom du pays. La Grèce ouvre le cortège, les autres pays suivent par ordre alphabétique, le pays hôte fermant la marche. Les femmes, après une entrée discrète aux Jeux de 1900, sont plus nombreuses. Les Jeux, mieux organisés, bénéficient d'un accueil plus favorable dans la presse. On compte 90 000 spectateurs dans le stade et près de 250 000 personnes suivent le marathon qui va du château de Windsor au stade. Les premières médailles de bronze, d'argent et d'or sont décernées. Malgré des arbitrages controversés et de nombreuses disqualifications, les Jeux de Londres annoncent l'enthousiasme populaire et médiatique qui ne cessera d'accompagner les JO.

Les femmes concourent dans quatre disciplines : golf, tennis, tir à l'arc et patinage.

Cependant la disposition du stade olympique (70 000 places) obligea des athlètes de disciplines différentes à concourir en même temps.

3

LES JEUX MODERNES

Les JO d'été : de 1912 à nos jours

La technologie entre dans le stade et se met au service du sport, avec d'abord le chronomètre électrique, puis la caméra de photo-finish en 1932 et le chronomètre électronique en 1968. Aujourd'hui, des caméras hautement mobiles saisissent le mouvement des athlètes et analysent leurs données biomécaniques.

Des Jeux réussis

Les Jeux de Stockholm, organisés en 1912, n'ont pas lieu à l'occasion d'une foire universelle ou d'une grande exposition, mais sont un événement à eux seuls. Pierre de Coubertin voit enfin son rêve se réaliser.
Néanmoins, l'esprit olympique s'est modifié : il ne s'agit plus simplement de remporter une course mais de battre des records.

Cinq anneaux sur un drapeau

Pour symboliser la rencontre fraternelle d'athlètes venus des cinq continents, Coubertin a choisi

Drapeau olympique flottant dans le stade lors des Jeux olympiques d'Atlanta, en 1996.

Le symbole des Jeux olympiques modernes existait déjà dans la Grèce antique. Cinq anneaux ont été retrouvés gravés sur une pierre de l'autel de Delphes où avaient lieu des compétitions sportives.

d'entrelacer cinq anneaux de couleur qu'il fait disposer, en 1914, sur un drapeau blanc sans bordure (3 m × 2 m). Les couleurs sont rangées dans un ordre précis, de gauche à droite, 1re rangée : bleu (l'Europe), noir (l'Afrique), rouge (l'Amérique) ; 2e rangée : jaune (l'Asie) et vert (l'Océanie). L'emblème olympique flottera pour la première fois sur le stade durant les Jeux d'Anvers en 1920.

La Belgique est ruinée par la guerre. La générosité des diamantaires d'Anvers permet la construction d'un stade et d'une piscine. Les Jeux s'ouvrent après une minute de silence, hommage solennel à une jeunesse sacrifiée.

Le non-respect de la trêve

La trêve sacrée imposée dans l'Antiquité ne s'applique pas pour les Jeux modernes, qui ne sont néanmoins jamais organisés pendant une guerre : la Première Guerre mondiale fait annuler les Jeux de 1916 prévus à Berlin et la Seconde Guerre mondiale va imposer un vide olympique de douze années (de 1936 à 1948). En 1920, aux Jeux d'Anvers, l'esprit pacifique s'affirme : les épreuves sont précédées d'un lâcher de colombes et de la lecture, par un athlète belge, du serment olympique écrit par Coubertin.

Lors des Jeux d'après-guerre, organisés à Anvers en 1920, l'Allemagne, l'Autriche et la Russie ne sont pas représentées.

LE SERMENT OLYMPIQUE

Au nom de tous les concurrents, je déclare et j'affirme que nous nous sommes préparés à ces Jeux dans le respect et la soumission aux règles qui les gouvernent, dans un véritable esprit de juste compétition et au moyen de méthodes éthiques, et je promets que nous prendrons part à ces Jeux olympiques dans un esprit de fair-play pour la gloire du sport et l'honneur de nos équipes.

En 2000, le serment a été modifié ainsi :
Au nom de tous les concurrents, je promets que nous prendrons part à ces Jeux olympiques en respectant et en suivant les règles qui les régissent, en nous engageant pour un sport sans dopage et sans drogues, dans un esprit de sportivité, pour la gloire du sport et l'honneur de nos équipes.

Podium américain pour le plongeon femme, à Londres le 3 août 1948. De gauche à droite : Zoe-Ann Olsen-Jensen, Victoria Manalo Draves et Patricia Elsener.

Le combat d'une vie

Alice Milliat (1884-1957) s'engage pour le sport féminin à une époque où beaucoup d'hommes sont misogynes et jugent les tenues des sportives scandaleuses. Pierre de Coubertin est lui-même contre leur participation. Alice Milliat ne se décourage pas et milite pour le sport féminin. À partir de 1912, elle préside le club omnisports féminin. En 1917, elle est trésorière de la Fédération française de sport féminin et crée en 1921 la Fédération sportive féminine internationale (FSFI). Elle réclame la présence des femmes à toutes les épreuves des JO.

Alice Milliat s'est battue pour que les filles fassent du sport autant que les garçons à l'école, puis au lycée. La participation des femmes augmente chaque année : 23 % en 1984 contre 43 % en 2008. L'objectif des Jeux de Tokyo 2021 est d'atteindre la parité.

Vainre les résistances

« Le rôle du CIO est d'encourager et de soutenir la promotion des femmes dans le sport, à tous les niveaux et dans toutes les structures, dans le but de mettre en œuvre le principe d'égalité entre l'homme et la femme. » (Charte olympique) rédigée en 2007.

Les hommes restent sur leur position et n'admettent qu'au compte-gouttes les femmes. En 1900, aux Jeux de Paris, seules 22 femmes sont admises pour certaines épreuves d'athlétisme, alors qu'il y a presque mille concurrents. Faute de parvenir à se faire entendre, les femmes créent leurs propres olympiades en 1922. Ce n'est qu'en 1928 qu'elles font une entrée officielle aux JO d'Amsterdam mais elles n'ont droit qu'à certaines épreuves et n'échappent pas aux critiques.

LES SYMBOLES FÉMININS

- La Marocaine **Nawal El Moutawakil** et l'Algérienne **Hassiba Boulmerka** sont sacrées championnes olympiques en athlétisme, respectivement en 1984 et 1992 : c'est une contribution forte à l'émancipation des femmes. Malgré les menaces intégristes, elles ont concouru en tenue de sport (short et débardeur) et le visage dévoilé. Nawal El Moutawakil a été élue membre du CIO en 2008, et nommée présidente de la commission de coordination des Jeux olympiques de Rio 2016.

- À Barcelone, en 1992, les deux athlètes **Elena Meyer** (médaille d'argent), sud-africaine, et **Derartu Tulu** (médaille d'or), éthiopienne, font un tour d'honneur main dans la main, niant ainsi le régime politique de

De plus en plus de disciplines s'ouvrent aux femmes

Les femmes ont accès à de plus en plus de disciplines. Parallèlement, le CIO décide en 1991 qu'un nouveau sport qui voudrait s'inscrire aux Jeux olympiques doit forcément comporter des épreuves masculines et féminines.

Ouverture des sports aux femmes depuis les JO de Los Angeles (1984) :

1984 tir, cyclisme, marathon
1988 tennis, tennis de table et voile

l'apartheid qui sévit encore à l'époque en Afrique du Sud, et toute forme d'exclusion ou de racisme.

- La Syrienne **Ghada Shouaa**, médaille d'or en heptathlon aux JO d'Atlanta, est le symbole vivant d'une émancipation possible dans un monde islamiste intransigeant.

- **Gabrielle Douglas** (née en 1995) est une gymnaste américaine, surnommée l'« écureuil volant ». Elle est la première femme afro-américaine à être couronnée championne olympique dans le concours général individuel. Elle remporte deux médailles d'or aux Jeux de Londres et une aux Jeux de Rio, où elle est rejointe par l'incroyable Simone Biles.

- **Cathy Freeman** est le symbole des Jeux de 2000 à Sydney. Cette athlète d'origine aborigène allume la flamme olympique et remporte quelques jours plus tard la médaille d'or du 400 m.

1994 badminton, judo et biathlon
1996 football et softball
2000 haltérophilie, pentathlon moderne, taekwondo
2004 lutte
2006 golf et rugby
2012 boxe

Des femmes visibles et engagées

En 1995 se forme un groupe de travail « Femme et sport » qui devient en 2004 une commission à part entière du CIO. Par ailleurs, chaque année sont décernés les trophées « Femme et sport » qui récompensent une action exceptionnelle en faveur du sport pour les femmes et les filles.

Le trophée mondial a été remis à la joueuse de tennis Gabriela Sabatini en 2006 et à la Kényane Tegla Loroupe, ex-détentrice du record du monde de marathon, en 2011.

Des Jeux politiques

À Berlin en 1936, Hitler bafoue les valeurs olympiques : la cérémonie grandiose vante la grandeur de l'Allemagne et rappelle les fondements du régime nazi. La ville et le stade sont décorés de croix gammées qui alternent avec le drapeau olympique. Les membres du CIO ont eu beau faire retirer les pancartes racistes et antisémites (où l'on pouvait lire « Les Juifs ne sont pas admis ici »), les Jeux de Berlin resteront dans les mémoires les Jeux de la honte. Hitler imposa le salut nazi et refusa de

Les deux plus jeunes médaillés ont participé aux JO de Berlin. L'Américaine Marjorie Gestring (presque 14 ans) a remporté la médaille d'or en plongeon et le Français Noël Vandernotte (12 ans et demi) a obtenu deux médailles de bronze en aviron.

Tribune officielle (Hitler est le 5e en haut à partir de la gauche) pendant la cérémonie d'ouverture des JO le 1er août 1936 à Berlin.

serrer la main de l'athlète noir américain Jesse Owens, qui avait remporté quatre médailles d'or.

La rivalité des grandes puissances

Au lendemain de la Seconde Guerre mondiale, la guerre froide oppose le bloc occidental, États-Unis en tête, et le bloc communiste organisé autour de l'URSS. Cette rivalité se retrouve aux Jeux de 1952 à Helsinki. Les athlètes soviétiques refusent de s'installer dans le village olympique et restent à l'écart au bord de la Baltique, près d'une base navale de l'URSS. Heureusement, pendant les épreuves,

L'Allemagne et le Japon ont été exclus des Jeux de Londres de 1948, l'Italie, ayant bénéficié d'une mesure d'exception, a pu y participer.

FLAMME, HYMNE ET MÉDAILLES

La flamme olympique brûle pour la première fois pendant toute la durée des Jeux à Amsterdam, en 1928. Un système de relais apparaît à l'occasion des Jeux de Berlin en 1936. Partie d'Olympie, la flamme traverse de nombreux pays, les porteurs veillent à ce qu'elle ne s'éteigne pas jusqu'à la ville hôte. Depuis, tous les quatre ans, la flamme olympique relie les Jeux de l'Antiquité aux Jeux modernes.

L'hymne olympique est devenu officiel en 1958. Le CIO a conservé la partition composée par le musicien grec Spyros Samaras (1861-1917) sur les vers du poète grec Costis Palamas (1859-1943). En voici un extrait traduit en français :

Immortel Esprit antique, père immaculé
Du beau, du grand et du vrai
Descends, montre-toi et brille ici même
À la gloire de la Terre – la tienne – et du ciel.

Les trois meilleurs athlètes reçoivent **une médaille** : or pour le premier, argent pour le deuxième et bronze pour le troisième. La médaille représente sur une face la Victoire et sur l'autre un athlète victorieux.
À partir de 1932, les trois médaillés montent solennellement sur un podium à trois marches, la plus haute étant réservée au champion olympique. Depuis 1960, les vainqueurs portent leur médaille autour du cou grâce à un ruban de couleur : elle leur est remise sur l'hymne national de leur pays.

Depuis 1960, l'hymne fait partie du protocole olympique.

Flamme olympique lors des Jeux olympiques de Séoul, en 1988.

les tensions se dissipent et le sport estompe les désaccords politiques. Dans un esprit d'apaisement, les athlètes défilent ensemble, main dans la main, pour symboliser l'unité mondiale, lors de la cérémonie de clôture des Jeux de Melbourne (1958).

L'agitation de 1968

Le Mexique n'échappe pas à la vague contestataire de 1968 (en Europe, en Chine, aux États-Unis) qui remet en cause les valeurs établies. Les Jeux de Mexico s'ouvrent dans un climat peu favorable à la fête. Dix jours avant la cérémonie d'ouverture, les militaires ont réprimé une manifestation menée par des étudiants et des enseignants en faisant plus de 300 morts. Craignant de nouveaux incidents, le gouvernement laisse les tanks et les soldats autour du stade. Lors de la remise des médailles, des athlètes noirs américains brandissent un poing ganté de noir, en signe d'adhésion au mouvement contestataire Black Power. Quand l'hymne américain retentit, les deux médaillés, Tommie Smith et John Carlos, baissent la tête pour dénoncer le sort

À cause de son engagement politique, Tommie Smith est exclu de son équipe et renvoyé du village olympique. 40 ans plus tard, il vendra sa médaille aux enchères.

Jeux olympiques de Mexico, 1968 : Tommie Smith (médaille d'or) lève le poing en signe de contestation contre les discriminations raciales.

réservé aux Noirs américains. Ils réclament ainsi la fin de la discrimination raciale et nomment leur mouvement « Olympic Project for Human Rights ».

Attentat et terrorisme

Le 5 septembre 1972, onzième jour des Jeux de Munich, un commando palestinien, issu du groupe Septembre noir, enlève des sportifs israéliens et fait savoir qu'ils seront libérés en échange de 200 prisonniers arabes détenus dans les prisons israéliennes.

DE BOYCOTT EN BOYCOTT

1936 En opposition au régime nazi, certains pays boycottent les Jeux de Berlin et organisent des contre-Jeux à Prague et à Barcelone.

1956 Désapprouvant la présence de l'URSS qui vient de violer les droits de l'homme en envahissant Budapest, l'Espagne, la Suisse et les Pays-Bas refusent de participer aux Jeux de Melbourne.

1976 Prenant modèle sur la Tanzanie, 22 pays africains refusent de participer aux Jeux de Montréal. Ils condamnent ainsi la présence de la Nouvelle-Zélande, qui a accepté de rencontrer l'équipe de rugby d'Afrique du Sud où sévit l'apartheid.

1980 64 pays (dont le Japon, l'Allemagne de l'Ouest, le Canada, le Kenya, la Norvège et la Chine) sont absents des Jeux de Moscou parce que l'URSS vient d'envahir l'Afghanistan.

Un membre de l'organisation terroriste « Septembre noir » , sur un balcon du village olympique, le 5 septembre 1972, lors de la prise d'otages des Jeux olympiques de Munich.

Toutes les négociations échouent et dix-huit personnes sont tuées. Les drapeaux sont mis

1984 En réponse à l'affront essuyé quatre ans plus tôt, l'URSS et ses alliés refusent de participer aux Jeux de Los Angeles.

1988 La Corée du Nord boycotte les Jeux de Séoul (Corée du Sud) parce qu'elle aurait souhaité organiser les Jeux avec la Corée du Sud.

2008 De nombreuses personnalités politiques n'assistent pas à la cérémonie d'ouverture des Jeux de Pékin pour manifester leur désaccord avec la Chine quant au non-respect des droits de l'homme, à sa politique étrangère agressive face au Tibet, à la censure et à la pollution.

N.B. Un seul boycott politique a eu lieu pour les JO d'hiver, entre la Chine et Taïwan en 1980. Les athlètes taïwanais reviendront dans la compétition aux Jeux d'hiver de 1984 à Sarajevo en tant que Chinois de Taipei.

en berne, les Jeux sont suspendus pour trente-quatre heures, une messe est célébrée dans le stade. Sur la décision du président du CIO (qui a dit : « The games must go on ! »), les Jeux reprendront, mais sans enthousiasme.

Vingt-quatre ans plus tard, lors des Jeux d'Atlanta, l'explosion d'une bombe fera deux morts et 111 blessés. Là non plus, les jeux ne seront pas interrompus, les organisateurs ayant tenu bon : « Pas question de laisser les terroristes nous gâcher la fête ! » Une fête néanmoins endeuillée…

POUR LA PAIX, CONTRE L'INTOLÉRANCE

Les idéaux olympiques sont également ceux de l'Organisation des Nations unies : tolérance, égalité, fair-play et surtout, paix. Ensemble, les Jeux olympiques et l'Organisation des Nations unies peuvent former une équipe gagnante.

Mais la victoire ne sera pas facile. La guerre, l'intolérance et le dénuement sont loin d'avoir disparu de la surface de la Terre. Nous devons nous battre. Tout comme les athlètes s'efforcent d'atteindre des records mondiaux, nous devons lutter pour la paix dans le monde.

Kofi Annan, secrétaire général des Nations unies, septembre 2000.

Toutes les grandes nations

Les Jeux de Barcelone en 1992 reflètent un nouvel équilibre politique international après la chute du mur de Berlin : l'Allemagne est réunifiée depuis 1989, le Yémen n'est plus divisé, l'Afrique du Sud a aboli l'apartheid. Les pays de l'ex-URSS (démembrée en 1991) défilent derrière la bannière olympique sous le nom d'Équipe unifiée.
Aux Jeux de Sydney (2000), les athlètes de la Corée du Nord et de la Corée du Sud défilent ensemble.

Le symbole des Jeux de 1992.

Les Jeux d'Atlanta (1996) accueillent pour la première fois tous les Comités olympiques nationaux, soit 197 pays : le sport réunit enfin tous les pays, sans discrimination religieuse ou politique.

La trêve olympique restaurée

En 1992, le CIO restaure le principe de la trêve pour permettre aux athlètes yougoslaves de participer. Depuis juillet 2000, la Fondation internationale pour la trêve olympique (FITO) tente d'imposer la paix dans le monde par le sport.

Les Jeux les plus chers de l'histoire

Après Athènes, qui en 2004 célèbre avec un peu de retard le centenaire de la fondation des Jeux, c'est à Pékin d'organiser les JO en 2008. La Chine investit plus de 40 milliards de dollars. Ce choix ne fait pas l'unanimité, notamment à cause de la politique menée au Tibet, et le parcours de la flamme est ponctué d'incidents (Olympie, Londres, Paris, San Francisco et Buenos Aires).

La France revient des JO de Pékin avec 41 médailles dont 7 d'or (cyclisme, natation, escrime, lutte et handball), se classant au 10e rang du tableau des médailles par nation.

4 LES DISCIPLINES D'ÉTÉ

Sports et disciplines pratiqués

Aux Jeux de Tokyo, il y aura 55 sports olympiques et paralympiques.

Pour qu'un sport soit inscrit au programme des Jeux olympiques, il « doit être pratiqué par les hommes dans au moins 75 pays et sur quatre continents, et par les femmes dans au moins 40 pays et sur trois continents » (Charte olympique).

Athlétisme

Avec 47 épreuves pour 2 000 athlètes aux JO de Londres en 2012, l'athlétisme est le sport le plus important.

L'athlétisme regroupe l'ensemble des épreuves de course à pied, de saut, de lancer et de combinés.

• Courses plates

Lors des courses de vitesse (sprint), les athlètes courent dans huit couloirs de 1,22 m en ligne droite pour le 100 m, avec un virage pour le

200 m. Ils font un tour de piste pour le 400 m. Depuis 1928, ils utilisent des cales de départ, appelés « starting-blocks », pour un meilleur appui avant de s'élancer.

Les courses de demi-fond ou de fond (800 m, 1 500 m, 5 000 m, 10 000 m) s'effectuent sur plusieurs tours de stade. Les courses en équipe s'appellent des « relais » (4 × 100 m et 4 × 400 m). Les coureurs se passent un témoin (bâton cylindrique). Le marathon est une course à pied de 42,195 km.

Cette épreuve a été instaurée en mémoire de la distance parcourue entre Marathon et Athènes (environ 40 km) par le soldat Philippidès pour annoncer aux Grecs leur victoire sur les Perses, en 490 av. J.-C. Il en mourut d'épuisement.

Kristlin Gear et Montanna McAvoy lors de la course steeple 3 000 m, pour les championnats du monde juniors d'athlétisme 2018.

• Courses d'obstacles

Ces épreuves allient vitesse et adresse. Le coureur doit sauter dix haies plus ou moins espacées : 110 m haies (messieurs) ; 100 m haies (dames) ; 400 m haies (messieurs) ; 400 m haies (dames).

Une course redoutable est le 3000 m steeple car, en plus des 28 barrières, le coureur doit enjamber sept fois une rivière de 3,66 m de large.

• Sauts

En 1968, Dick Fosbury invente le saut qui porte son nom (Fosbury flop) en franchissant la barre sur le dos. Avec sa technique révolutionnaire, il sauta 2,24 m aux JO de Mexico (1968).

L'athlète a trois essais pour tenter de sauter le plus haut possible en franchissant une barre, soit en prenant impulsion sur une jambe, soit en s'aidant d'une perche. Pour le saut en longueur, l'athlète court d'abord sur une piste, prend son élan et projette ses jambes en avant pour la réception dans un bac à sable. Il peut utiliser la technique du triple saut : course, cloche-pied puis foulée bondissante (saut en trois temps).

• Épreuves de lancer

L'athlète se place dans un cercle et lance un poids de métal (boule de 7,26 kg pour les hommes, 4 kg pour les femmes), un disque (2 kg pour les hommes, 1 kg pour les femmes) ou un marteau.

L'athlète fait tournoyer trois ou quatre fois le marteau (sorte de boulet relié à une poignée par un câble) avant de le lancer.

Pour le lancer de javelot, l'athlète prend son élan sur une piste.

• Décathlon et heptathlon

Le décathlon est un combiné de dix épreuves sur deux jours : 1er jour – 100 m, saut en longueur, poids, saut en hauteur et 400 m ; 2e jour – 110 m haies, disque, perche, javelot et 1 500 m.

L'heptathlon comporte sept épreuves sur deux jours : 1er jour – 100 m haies, hauteur, poids, 200 m ; 2e jour – longueur, javelot, 800 m.

• Marche sportive (20 km et 50 km)

L'athlète doit toujours avoir un pied au sol et la jambe tendue au moment où elle touche le sol.

Une athlète russe franchissant la barre lors d'une épreuve de saut à la perche.

Si ce n'est pas le cas, au troisième avertissement, il est disqualifié.

Aviron

Lors des courses d'aviron, la ligne d'arrivée se franchit de dos.

Cette course nautique se pratique dans des embarcations propulsées à l'aide de rames (avirons). L'athlète participe seul ou en équipe de deux, de quatre ou de huit rameurs, avec ou sans barreur. Le parcours est de 2 km.

Le volant, fait de liège et de plumes, peut atteindre la vitesse de 400 km/h.

En démonstration aux JO de 1988, le badminton est sport olympique depuis 1992.

Badminton

Le badminton se joue en simple ou en double, en deux sets gagnants de 15 points. Équipé d'une raquette légère, le joueur renvoie un volant qui ne doit pas toucher le sol. Le terrain ressemble à un terrain de tennis mais son filet est plus haut.

Basket-ball

Ce jeu de ballon est introduit aux JO de 1936. Un match réunit deux équipes de cinq joueurs (plus cinq remplaçants qui peuvent entrer à volonté sur le terrain) lors d'une rencontre de 40 min divisée en quatre phases de 10 min. Chaque joueur court avec le ballon en le faisant rebondir au sol avec une seule main. Une fois arrêté, il ne peut le faire rebondir une seconde fois, ni marcher en le tenant dans ses mains. Il doit le passer à un de ses coéquipiers ou tirer dans le panier de l'équipe adverse (fixé à 3,05 m du sol) pour marquer des points.

Depuis 1992, les basketteurs professionnels peuvent participer aux Jeux. Les États-Unis remportent, cette année-là, le titre olympique avec la « Dream Team » réunissant des joueurs hors du commun : Magic Johnson, Michael Jordan et Larry Bird.

Boxe

Sur un ring fermé par trois ou quatre hauteurs de cordes, deux combattants de la même catégorie de poids se mesurent aux poings. Les coups ne peuvent être donnés sous la ceinture. Le boxeur porte des gants, une coquille (pour protéger le bas-ventre), un protège-dents et un casque (pour les amateurs). Les rounds durent 2 ou 3 min. Si l'un des combattants reste plus de 10 s au sol, il est déclaré knock-out ; son adversaire remporte le match.

À Londres en 2012, pour la première fois, la boxe est inscrite dans le programme féminin.

Canoë-kayak

C'est en 1924 qu'ont lieu les premières démonstrations lors des JO de Paris. Ce sport se pratique seul (monoplace) ou à plusieurs (deux ou quatre), dans un canoë (pagaie simple) ou un kayak (pagaie double). La course s'effectue soit en eaux calmes pour la course en ligne (200, 500 ou 1 000 m), soit en eaux vives pour le slalom, où il s'agit de franchir des portes sans les toucher.

Le canoë était utilisé par les Indiens du Canada. Le kayak vient des Esquimaux du Grand Nord.

Cyclisme

Les cyclistes roulent sur route ou sur piste plus ou moins accidentée, dans des courses contre la montre, aux points (parcourir le plus de tours complets, chaque tour donnant des points), en poursuite individuelle (2 km) ou par équipes (4 km).

Il y a 4 disciplines : mountain bike (ou VTT), piste, route et BMX (introduit en 2008). La Française Anne-Marie Chausson est la première championne olympique de BMX.

Escrime

L'escrime se pratique au fleuret, à l'épée ou au sabre. Pour marquer des points, l'escrimeur doit toucher son adversaire avec la pointe ou le tranchant (uniquement pour le sabre) de son arme. Un appareil électronique indique si la touche est valable (une lampe rouge ou verte s'allume). Chaque combattant est protégé par un masque en treillis et par un gant pour la main qui tient l'arme.

Un combat d'escrime se compose de 3 manches de 3 minutes ; il peut aussi s'achever si un des deux adversaires marque 15 touches.

Football

Deux équipes de onze joueurs évoluent sur un terrain en herbe. Les joueurs se passent un ballon rond au pied (seul le gardien de but peut le tou-

Comme pour tous les sports collectifs, chaque pays présente une équipe soumise à des matchs de qualification.

Fleurettistes en pleine action lors d'une compétition.

cher de la main) et doivent le faire entrer dans le but adverse. Les deux mi-temps de 45 min sont séparées par une pause de 15 min.

Golf

C'est un sport de précision en plein air. Il faut envoyer une balle dans un trou en se servant d'un club. Le but est de terminer un parcours de 18 trous en le moins de coups possible. L'épreuve se déroule en 72 trous sur quatre jours.

Le golf était aux Jeux de Paris en 1900 et de Saint Louis en 1904, puis il a disparu. Après 112 ans d'absence, il a fait son retour aux Jeux de Rio en 2016.
La balle pèse au maximum 45,93 g et le diamètre du trou est de 10,8 cm.

Gymnastique

En gymnastique artistique, les hommes effectuent des acrobaties artistiques au cheval d'arçons, aux barres parallèles, à la barre fixe et aux anneaux. Les femmes ont des épreuves aux barres asymétriques et à la poutre. Le saut de cheval et les exercices au sol sont communs aux hommes et aux femmes.

La gymnastique rythmique est une discipline purement féminine introduite aux JO en 1984. La gymnaste évolue en musique et effectue des enchaînements au sol, des sauts et des figures acrobatiques en s'accompagnant de rubans, de ballons, de cerceaux, de massues ou de cordes.

En trampoline, les gymnastes se mesurent sur des programmes courts où ils réalisent des vrilles, des sauts périlleux et des rebonds. La qualité de leur prestation dépend de la difficulté, de l'exécution et du temps de vol.

Le gymnaste Yusof Eddy, épreuve des anneaux, lors des championnats d'Europe de gymnastique de 2019.

Haltérophilie

Chaque concurrent a trois essais dans deux épreuves : dans l'arraché, la barre est levée d'un seul mouvement, bras tendus au-dessus de la tête, et dans l'épaulé-jeté, elle est soulevée jusqu'aux épaules puis au-dessus de la tête à bout de bras. L'haltérophilie est au programme des épreuves féminines des JO depuis 2000.

Le Bulgare Naïm Suleymanoglou a remporté trois fois le titre olympique en catégorie poids plume. Il mesure 1,47 m et peut porter jusqu'à trois fois son poids.

Handball

Ce jeu de ballon oppose deux équipes de sept joueurs sur un terrain fermé. Les joueurs prennent le ballon d'une main (le ballon ne doit jamais toucher ni la jambe ni le pied), font des passes et tirent dans le but adverse. Il est interdit de faire plus de trois pas avec le ballon tenu en main.

Un match dure 1 h, au cours de laquelle une équipe peut marquer jusqu'à 30 buts.

Hockey

Le hockey se pratique entre deux équipes de onze joueurs (et cinq remplaçants) sur un terrain de gazon naturel ou synthétique, en deux périodes de 35 min séparées par 10 min de pause. Les joueurs frappent dans une petite balle en plastique dur à l'aide d'une crosse en bois dont le côté gauche est plat. Ils doivent se faire des passes ou tirer au but.
Le hockey est sport olympique depuis 1920. En 1980, les femmes participent à la compétition.

L'Inde a remporté 6 médailles d'or consécutives en hockey (de 1928 à 1956) puis de nouveau en 1964 et 1980.

Judo

Discipline olympique depuis 1992, ce sport de combat est hérité des samouraïs qui voulaient pouvoir remporter la victoire à mains nues s'ils perdaient leurs armes.

Deux judokas s'affrontent sur des tatamis (tapis de combat) verts. Le combat dure entre 2 et 5 min. Chacun doit tenter par des prises et des jetés de déséquilibrer son adversaire, puis de le maintenir au sol pendant au moins 30 s. Le judoka remporte immédiatement la victoire s'il réalise un ippon (prise décisive).

Les lutteurs s'affrontent sur un tapis circulaire de 9 m de diamètre.

Lutte

Cette discipline a été introduite au programme des Jeux olympiques en 708 av. J.-C. La lutte est un corps-à-corps à mains nues sur un tapis circulaire. Il s'agit de mettre l'adversaire au sol, les deux épaules touchant terre. Un arbitre surveille le combat qui ne dure jamais plus de 5 min et attribue des notes (de 1 à 5) selon les prises. Dans la lutte gréco-romaine, seules les prises entre la tête et la ceinture sont admises, alors que la lutte libre autorise aussi les prises de jambes.

Natation

Depuis 1948, les épreuves de natation se déroulent dans un bassin olympique de 50 m de long et non plus dans la mer. Chaque nageur occupe un couloir de 2,50 m de large délimité par une corde couverte de flotteurs. Les courses font intervenir quatre nages (brasse, crawl, dos, papillon) qui sont imposées ou libres, sur des distances variant de 50 à 1 500 m.

La Camerounaise Antoinette Joyce a participé aux JO de Pékin, âgée de 12 ans, sur le 50 m nage libre : c'est la plus jeune des participantes !

Natation synchronisée

Les nageuses exécutent en musique des figures de ballet dans l'eau, seules, à deux ou en équipe (huit nageuses au maximum).

Depuis 1984, seules les femmes concourent en natation synchronisée.

Pentathlon moderne

En 1912, Coubertin propose d'inscrire le pentathlon dans le programme des Jeux. Pendant une journée, les athlètes s'affrontent au cours de cinq épreuves : escrime, natation (200 m), équitation (parcours de douze sauts), course à pied et tir au pistolet.

Départ d'un 100 m féminin lors des championnats d'Europe de natation en petit bassin, le 14 décembre 2007, à Debrecen (Hongrie).

Plongeon

Il existe quatre épreuves à partir du tremplin (3 m) ou d'une plate-forme (10 m). Trois critères sont retenus : difficulté, style et perfection d'exécution.

Rugby

C'est un sport de ballon (ballon ovale) où deux équipes de sept joueurs s'affrontent sur deux mi-temps de 7 min, pour un total de 14 min. Le terrain est le même que le rugby à XV. L'objectif est de marquer plus de points que son adversaire. Les passes s'effectuent à la main (vers l'arrière) ou au pied (vers l'avant) si le ballon a rebondi au sol une fois. La mêlée se fait à trois contre trois.

Le rugby revient, après plus de 90 ans d'absence, à Rio en 2016. Les Fidji remportent l'épreuve masculine : 41 à 7 face à la Grande-Bretagne. La première médaille d'or olympique du rugby féminin est décernée à l'Australie qui bat la Nouvelle-Zélande.

Sports équestres

Les cavaliers sont soumis à trois types d'épreuves : le dressage, le parcours avec saut d'obstacles et le concours complet qui se déroule sur deux ou trois jours (dressage, endurance et saut d'obstacles). C'est également l'une des rares disciplines où hommes et femmes concourent ensemble, à armes égales.

Admis aux JO depuis 1912, c'est le seul sport olympique où le sportif fait équipe avec un animal.

Taekwondo

Il se pratique à mains nues et ressemble au karaté (coups de pieds et de poings). Un match se déroule en trois rounds de 2 min. Pour marquer des points,

Après avoir été sport de démonstration aux JO de 1988 et 1992, le taekwondo est discipline olympique depuis 2000.

l'un des combattants doit toucher le plastron ou la tête de son adversaire.

Tennis

À Londres, en 2012, il y aura 5 épreuves de tennis : simple et double (dames et messieurs) et le double mixte qui n'existait plus depuis 1924.

Ce sport se pratique avec une balle jaune et une raquette. Le joueur tape dans la balle et l'envoie sur le terrain de son adversaire en lui faisant franchir un filet bas. La partie se déroule en trois ou cinq sets et oppose deux joueurs ou deux équipes de deux joueurs chacune.

Tennis de table

Ce sport, inscrit aux JO depuis 1988, est souvent appelé « ping-pong » en référence aux sons émis par la balle.

Ce sport se joue à deux ou à quatre. À l'aide d'une petite raquette en bois recouverte de caoutchouc (une face rouge, une face noire), les joueurs se renvoient une petite balle en plastique dur qu'ils font rebondir sur une table, de part et d'autre d'un filet. Un match se joue en cinq ou sept jeux.

Tir

Les épreuves de tir sont de trois sortes : tir au pistolet, à la carabine et au fusil de chasse. Les tireurs sont allongés sur le ventre, agenouillés ou debout. La cible, composée de dix cercles concentriques, est posée à 10, 25 ou 50 m de distance. Dans l'épreuve de tir au fusil, une cible mouvante est lancée au-dessus ou au-devant des tireurs.

Au tir à l'arc, le tireur dispose de 144 flèches et peut obtenir un maximum de 1 440 points.

Tir à l'arc

Le tireur vise une cible sur laquelle dix zones de points sont définies par des couleurs différentes. La distance du tireur à la cible est de 70 m.

Cette ancienne pratique est inscrite aux JO depuis 1972.

Triathlon

Il s'agit d'un test d'endurance à l'état pur. Les athlètes se mesurent dans trois disciplines à la suite : natation (1 500 m), cyclisme (40 km) et course à pied (10 km).

Voile

Les compétitions se déroulent sous forme de régates qui se disputent autour de trois bouées (le « triangle olympique ») sur différentes catégories de bateaux : dériveur, catamaran, quillard.

La voile est un sport olympique depuis 1900.

Une épreuve de planche à voile a été introduite depuis 1984.

Volley-ball

L'ex-URSS a souvent brillé en volley-ball : 3 médailles d'or chez les hommes (1964, 1968, 1980) et 4 chez les femmes (1968, 1972, 1980, 1988).

Ce sport de ballon est discipline olympique depuis 1964. Les six joueurs des deux équipes occupent une partie du terrain divisé par un filet haut. Ils ont trois sets de 25 points pour remporter la partie. Une équipe marque un point quand elle fait tomber le ballon sur le sol adverse ou pousse l'autre équipe à commettre une faute.

Match de volley-ball opposant les équipes féminines du Brésil et de la Chine, lors des Jeux olympiques 2016 à Rio.

Volley-ball de plage (beach-volley)

Ce sont les mêmes règles que celles du volley mais le terrain est recouvert de sable et les équipes sont composées de deux joueurs seulement.

Water-polo

L'épreuve se déroule dans un bassin où deux équipes de treize joueurs s'affrontent (sept dans l'eau et six remplaçants). Pendant quatre périodes de 8 min, ils doivent marquer des buts à l'aide d'un ballon tenu d'une seule main. Ils n'ont pas le droit de toucher le fond ni les côtés du bassin. Les joueurs, excellents nageurs, sont agiles comme des footballeurs.

LES NOUVEAUTÉS À TOKYO 2021

5 SPORTS

• Base-ball/softball

Il s'agit de lancer une balle avec une batte. Deux équipes de neuf joueurs s'affrontent. Le vainqueur est déterminé par le nombre de courses, ou points, possédés à la fin de la 9e manche. Le softball est une variante du base-ball : la balle est plus grosse (elle peut être molle ou dure), le diamètre de la batte est inférieur et le terrain est plus petit. Autre différence, la balle se jette par en dessous alors qu'au base-ball, elle est lancée par-dessus l'épaule.

• Escalade sportive

Trois disciplines sont proposées aux athlètes : l'escalade de difficulté, de vitesse et le mur d'escalade. Il s'agit de monter sur 12 ou 15 mètres de haut en suivant un parcours.

• Karaté

C'est un art martial japonais qui consiste à se défendre à mains nues. Toutes les parties du corps sont utilisées, et des techniques diverses existent pour bloquer l'attaque des agresseurs – donner des coups de poing, attaquer avec le tranchant ou la paume de la main, le coude, ou encore le poignet – ou pour faire tomber l'attaquant au sol. Mais attention, les coups

Mawem Mickael, sélectionné aux Jeux olympiques de 2021 pour représenter la France en escalade.

sont arrêtés à quelques millimètres grâce à un contrôle absolu. Un combat dure quelques minutes et un juge comptabilise les points.

• Skateboard

Deux disciplines sont inscrites pour ce sport urbain : la rampe et le street. Il s'agit d'une performance libre, les concurrents réalisent des figures notées sur plusieurs critères : originalité, composition, style et consistance.

• Surf

Le surfeur chevauche les vagues en étant debout sur une planche. Le vainqueur est celui qui obtient le plus de points grâce aux figures qu'il réalise. Sont notés la difficulté, l'inventivité, l'innovation et le nombre de figures.

Johanne Defay, surfeuse française sélectionnée aux JO de 2021, lors de la compétition Open of Surfing en 2018.

2 DISCIPLINES URBAINES

• Basket-ball 3×3

Deux équipes de trois joueurs s'affrontent sur un demi-terrain de basket-ball avec un seul panier. Les paniers marqués de l'intérieur de l'arc valent un point, alors que ceux marqués de l'extérieur valent deux points.

• BMX freestyle

Le coureur doit effectuer des figures aériennes ou au sol au guidon d'un vélo de BMX. C'est la qualité d'exécution et le parcours qui départagent les concurrents. Cette compétition se déroule dans un skatepark.

5

LES JEUX D'HIVER

Les JO et les disciplines de 1921 à nos jours

Première épreuve annulée

Pierre de Coubertin ne s'est jamais montré très favorable aux sports qui se pratiquent sur neige ou sur glace. Néanmoins, lors des premiers Jeux de 1896, il accepte d'inscrire une épreuve de patinage artistique, qui n'aura d'ailleurs pas lieu : Athènes n'a pu construire une patinoire, la glace artificielle atteignant des prix faramineux dans ce pays de soleil.

Les Jeux nordiques

Il est nettement plus aisé d'organiser des Jeux d'hiver là où la neige abonde et où les températures permettent d'utiliser des lacs gelés comme patinoire ! Ainsi, l'ami de Pierre de Coubertin, Viktor Gustav Balk organisa, en 1901, les Jeux nordiques (patinage et ski). Ces Jeux auront lieu en Suède tous les quatre ans jusqu'en 1913. Interrompus par la Première Guerre mondiale, ils reprendront en 1922 et 1926 avant de devenir les Jeux olympiques d'hiver.

Couverture du **Petit Journal** *du 3 février 1924 illustrant plusieurs disciplines des Jeux olympiques d'hiver à Chamonix : saut à skis, hockey sur glace et patinage.*

Des sports de glace aux Jeux d'été

Aux Jeux de Londres, en 1908, on voit pour la première fois du patinage artistique, puis aux Jeux d'Anvers s'ajoute le hockey sur glace. Le succès remporté par ces nouvelles disciplines invite le CIO à réfléchir à une organisation plus satisfaisante. À Lausanne, le 5 juin 1921, le CIO décide que le pays hôte organisera, juste avant les Jeux d'été, « une semaine des sports d'hiver » , malgré

Les épreuves de patinage rassemblent 21 concurrents venus de cinq pays. Quatre épreuves leur sont proposées. Le Suédois Ulrich Salchow remporte la médaille d'or.

l'opposition des pays scandinaves qui craignent que les Jeux nordiques disparaissent. C'est la France qui inaugure ce nouveau principe en 1924.

Le chasseur alpin Camille Mandrillon prononce le serment olympique.

Chamonix, 1924

Du 24 janvier au 4 février 1924, 258 concurrents venus de seize nations se retrouvent à Chamonix. En 1925, à Prague, le marquis de Polignac obtient que des Jeux d'hiver soient systématiquement organisés la même année que les Jeux d'été. L'année suivante, les Jeux de Chamonix reçoivent l'appellation officielle de « Premiers Jeux olympiques d'hiver ».

Seules cinq des neuf équipes de bobsleigh finissent la course. Les Suisses remportent la médaille d'or.

À Saint-Moritz en février 1928, après des chutes de neige abondantes, la température grimpe jusqu'à 25 °C. Les patinoires sont inutilisables et la course de fond des 50 km à skis se termine dans la boue !

La pluie et le beau temps

La neige n'est pas toujours au rendez-vous, ce qui rend le déroulement des épreuves aléatoire. Ainsi pour remédier à la pénurie de neige, les Américains font venir du Canada des wagons entiers de neige pour permettre aux Jeux de Lake Placid (1932) d'avoir lieu malgré une météo récalcitrante : il ne cesse de pleuvoir et les pistes offrent cailloux et flaques d'eau.

Le champion olympique norvégien Birger Ruud (1911-1998) remporte l'épreuve de saut à skis à Lake Placid sous la pluie. Il dit : « La prochaine fois, je porterai une bouée. Je dois avouer que je ne sais pas nager. »

Le ski alpin entre en scène

C'est lors des Jeux olympiques d'hiver de 1936, ouverts par Hitler, que le ski alpin fit sa première apparition avec l'épreuve de slalom-descente homme et femme. Cette discipline sera par la

Un concurrent en action dans l'épreuve de saut à skis aux Jeux de Lake Placid, en février 1932.

suite supprimée à cause d'une mésentente entre la Fédération internationale de ski et le CIO, puis définitivement réintroduite en 1948, avec trois épreuves : la descente, le combiné et le slalom olympique.

De nouveaux pays

Le succès des Jeux olympiques d'hiver mobilise de plus en plus de pays : le Japon y participe pour la première fois en 1928. Les athlètes soviétiques

Les prochaines éditions des JO d'hiver auront lieu en 2022 à Pékin (République populaire de Chine) et en 2026 à Milan Cortina (Italie).

entrent en compétition seulement en 1956 aux Jeux de Cortina d'Ampezzo (Italie) et décrochent aussitôt un très grand nombre de médailles. Leur palmarès n'est pas moins prestigieux quatre ans plus tard aux Jeux de Squaw Valley (États-Unis). Il faudra attendre 1998 pour voir concourir des sportifs venus d'Azerbaïdjan, du Kenya, de Macédoine, d'Uruguay et du Venezuela.

Agrandir et moderniser les stations

Quand Squaw Valley est choisie pour accueillir les Jeux olympiques de 1960, ce n'est encore qu'une minuscule station de la Sierra Nevada avec un seul hôtel. Cinq années et 18 millions de dollars permettent d'en faire une station futuriste et chaleureuse. Les stars de Hollywood viennent s'y montrer et Walt Disney organise la cérémonie d'ouverture. Les Jeux olympiques de Grenoble seront aussi l'occasion de moderniser l'équipement français. De la même façon, des moyens considérables seront mobilisés pour les Jeux d'Albertville.

Les JO de Grenoble coûtent 1,1 milliard de francs, dont les trois quarts sont financés par l'État français alors que ceux d'Albertville coûtent 4,2 milliards de francs (640 millions d'euros), et se terminent avec un déficit de 280 millions de francs (42,7 millions d'euros).

Une flamme venue de Norvège

La flamme olympique est allumée pour la première fois en 1952 lors des Jeux d'Oslo. Elle ne vient pas d'Olympie mais de la maison de Morgedal en Norvège où est né Sondre

LES JEUX D'ALBERTVILLE

→ **La nécessité d'améliorer les installations a entraîné un coût financier important** : par exemple 200 millions de francs (30 millions d'euros) pour la piste de bobsleigh et de luge à La Plagne et 150 millions de francs (un peu moins de 10 millions d'euros) pour le tremplin de saut à Courchevel. Douze entreprises ont formé le Club Coubertin et largement participé à l'impact publicitaire. Les réseaux ferroviaire et routier ont été agrandis : l'autoroute des Alpes a été prolongée de Chambéry à Albertville, la nationale 90 a été élargie à quatre voies et la ligne TGV prolongée jusqu'à Albertville.

→ **Les Jeux ont relancé l'économie et donné un nouvel élan** aux entreprises locales ou nationales. De nombreux emplois créés et un vaste réseau de 9 000 bénévoles ont assuré la réussite du projet.

Parmi ces entreprises figurent IBM, La Poste, Renault, la SNCF, Yoplait.

Le 8 février 1992, un défilé grandiose organisé par le chorégraphe Philippe Decouflé ouvre les Jeux d'Albertville. La flamme olympique est portée par le footballeur Michel Platini.

Nordheim, le pionnier du ski moderne. La forme du flambeau est choisie par la ville organisatrice.

102 médailles d'or ont été remises lors des JO d'hiver de 2018 à Pyeongchang en Corée du Sud.

Des Jeux en alternance

Les Jeux d'hiver connaissant un succès grandissant, le CIO décide de les décaler de deux ans par rapport aux olympiades d'été. Depuis 1994, Jeux d'hiver et Jeux d'été ont lieu alternativement, avec un intervalle de deux ans. On distingue les sports de compétition, qui permettent d'obtenir une médaille, et les sports de démonstration, qui sont un moment de divertissement.

Les Jeux olympiques d'hiver rassemblent des disciplines qui se pratiquent sur la neige ou sur la glace.

En démonstration on a pu voir : acroski, course de chiens de traîneau, course de ski derrière des chevaux ou des chiens.

Sports olympiques de compétition

• Biathlon

Cette épreuve qui mêle cross-country et tir existe aux Jeux d'hiver depuis 1960 pour les hommes et 1992 pour les femmes. Le skieur interrompt sa course par deux ou quatre séances de cinq tirs à la carabine qu'il effectue, couché ou debout, à 50 m de la cible. Il porte son arme sur son dos durant toute la course.

Le mot « bobsleigh » est formé de la réunion de deux mots anglais : *to bob* (secouer) et *sleigh* (traîneau).

L'Américaine Vonetta Flowers est la première bobeuse noire titrée. Elle remporte l'or en bobsleigh à deux avec sa partenaire Jill Bakken aux JO de Salt Lake City (2002).

• Bobsleigh

Introduit aux Jeux de Chamonix en 1924, le bobsleigh se pratiquait alors à quatre. En 1936, une épreuve de bobsleigh à deux a été inscrite aux Jeux de Garmisch-Partenkirchen. Le bobsleigh

Les sportifs qui pratiquent le bobsleigh sont appelés «bobeurs».

est un traîneau muni d'un volant qui permet d'orienter des patins fixés à l'avant et à l'arrière. Il est lancé sur une piste glacée (naturelle ou artificielle) qui comporte au moins quatorze virages répartis sur une forte dénivellation. Il est formellement interdit de freiner durant la course.

• Combiné nordique

Il combine une épreuve de saut (90 ou 120 m) et une course de fond (10 km).

• Curling

Des équipes de deux ou quatre joueurs chaussés de patins s'affrontent et doivent faire glisser sur la glace un lourd palet de pierre polie (16,86 kg) pour le placer dans la cible (un cercle de 1,83 m

Joueurs de curling tentant de placer le palet dans la cible dessinée sur la glace.

de diamètre). Présenté aux JO de 1924, 1988 et 1992, le curling est depuis discipline olympique.

• Hockey sur glace

Discipline olympique depuis 1920, le hockey se pratique sur une patinoire entre deux équipes de six joueurs chaussés de patins. À l'aide d'une crosse, le joueur doit pousser un palet en caoutchouc jusqu'au but adverse. Les chocs et les chutes étant fréquents, les joueurs revêtent des équipements rembourrés, des gants et un casque. Les gardiens portent un bouclier et un gant pour arrêter le palet qui peut atteindre 180 km/h.

Il est obligatoire depuis 1979, suite à l'accident mortel de Bill Masterton au cours d'un match.

• Luge de course

La luge apparaît aux Jeux d'Innsbruck (1964). Sur ce traîneau mono- ou biplace sans frein ni volant, la direction est donnée par les mouvements d'épaules ou de jambes des lugeurs, qui, allongés sur le dos, pieds en avant, peuvent atteindre 120 km/h.

• Patinage artistique

Le Français Alain Giletti se classe 7e en patinage artistique pour ses premiers JO. Il n'est âgé que de 12 ans et demi. Il sera champion du monde en 1960.

Depuis 1956, les quatre épreuves de patinage artistique (messieurs, dames, couples et danse) ne se déroulent plus en extérieur mais dans une patinoire couverte. Les patineurs présentent au jury des programmes de figures imposées ou libres (sauts, pirouettes, spirales) qui leur valent deux notes : une technique, une artistique.

• Patinage de vitesse

La discipline comprend cinq épreuves de course sur piste longue : 500 m, 1000 m, 1500 m, 5000 m, 10000 m. L'épreuve la plus longue se dispute à l'extérieur sur une piste de 400 m, divisée en deux couloirs. Les courses courtes ont lieu sur une piste ovale fermée. L'objectif de chaque patineur est d'aller le plus vite possible, contre la montre.

Les Russes Pasha Grischuk et Yevgeny Platov, champions olympiques aux JO d'hiver de Nagano (1998).

• Short-track ou patinage de vitesse sur piste courte

Ce sport se pratique sur une piste en forme d'anneau (111,12 m de circonférence) où le patineur peut atteindre 60 km/h.

Sport extrême apparu à la fin des années 1990, le freestyle fait partie du ski acrobatique : il s'agit de réaliser des figures à skis.

• Ski acrobatique

Le skieur se lance d'un tremplin et réalise sauts périlleux et vrilles, éventuellement en musique.

Logo officiel des Jeux d'hiver de 2018, organisés à PyeongChang en Corée du Sud.

• Ski alpin

Introduit en 1936, il comprend cinq épreuves – descente, super-géant, slalom géant, slalom spécial et combiné, qui associent technique, agilité et vitesse. Un skieur peut atteindre 140 km/h.

• Ski de fond

Les skieurs s'affrontent lors d'épreuves individuelles, en relais et de sprint, sur des distances variant de 1 à 50 km. Ils doivent aller le plus vite possible en gardant les skis parallèles ou en « patinant » , sur des terrains plats ou vallonnés.

Le saut à skis pour les femmes a été interdit en 2010 à Vancouver mais réintroduit en 2014 et 2018 au nom de la parité. La Française Coline Mattel (née en 1995) est médaille de bronze dans cette discipline à Sotchi.

• Saut à skis

Le skieur prend son élan d'un tremplin (90 ou 120 m) et réalise un saut noté sur 20 en fonction du style, de la longueur atteinte et de la réception. Le saut se pratique aussi en équipe de quatre skieurs.

Les snowboarders se tiennent de profil et glissent dans une position proche de celle du surfeur sur l'eau.

• Snowboard

Le snowboard ou surf des neiges se pratique sur la neige avec une planche qui n'est pas équipée de freins. Il s'agit de tenir debout, les pieds maintenus grâce à des fixations placées en travers de la planche.

• Skeleton ou tobogganing

Le skeleton est un plateau sans patin qui glisse directement sur la piste. Le sportif se couche dessus à plat ventre, la tête en avant, avec pour toute protection un casque et une mentonnière. Il peut atteindre la vitesse de 140 km/h et freine avec ses chaussures où sont fixées de petites griffes métalliques. Ce sport figure aux JO de 1928, puis disparaît pendant vingt ans pour revenir aux JO de Saint-Moritz en 1948. Il est à nouveau retiré du programme des Jeux jusqu'en 2002. Depuis, le skeleton est aux JO, avec des épreuves masculines et féminines.

À partir de 1892, ce sport prit le nom de skeleton à cause de la forme de la luge en métal qui ressemble à un squelette.

Lors des Jeux d'hiver de Turin (2006), le Canadien Duff Gibson remporte la médaille d'or à 39 ans et 150 jours, ce qui fait de lui l'athlète le plus âgé ayant remporté une médaille d'or en individuel.

6 L'OLYMPISME AUJOURD'HUI

Argent, dopage… et solidarité

Le rayonnement des JO a beaucoup évolué depuis 1896. Parce qu'ils sont devenus un événement mondial incontournable, avec des excès mais aussi de belles actions, le pays hôte cherche à briller et s'engage à être le porte-parole des valeurs de l'olympisme.

Le gigantisme

On parle du syndrome de « l'éléphant blanc » pour décrire ces installations bâties au prix fort pour les JO mais laissées à l'abandon une fois les joutes terminées.

Le pays organisateur cherche à « épater » le monde entier avec des installations hors du commun. Il fait passer le prestige et le spectacle avant le sport, quitte à s'endetter durablement comme Mexico en 1968 et Montréal en 1976, dont le déficit a été évalué à un milliard de dollars. Conscient qu'il faut changer d'état d'esprit, le CIO a mis en place l'Agenda 2020. Il s'agit de mieux réfléchir aux investissements, de permettre d'élargir la zone géographique et d'encourager à se servir des infrastructures existantes.

Le respect de l'environnement

Depuis 1994, respect de l'environnement et développement durable sont inscrits dans la Charte olympique. Créée en 1995, la commission de l'environnement vise à mieux gérer déchets et dépenses énergétiques, à promouvoir des transports moins polluants, à maintenir la qualité de

Projection numérique pour le parc olympique de Sydney 2000 – un avant-goût du gigantisme des installations à venir.

LA DÉMESURE DES STADES

- Le stade olympique est le point central des Jeux olympiques d'été. Il se doit de marquer l'histoire du pays hôte et des JO.
- **Le stade de Montréal (1976)**, qui a nécessité le travail de 10 000 ouvriers, est une véritable sculpture de béton rassemblant 12 000 éléments préfabriqués dont la plupart pèsent plusieurs tonnes. Il est flanqué de la plus haute tour inclinée au monde. La tour de Montréal (175 m) est en béton jusqu'à 92 m puis en acier jusqu´au sommet.
- **Le parc olympique de Sydney (2000)** est le plus grand site en plein air de l'histoire des Jeux : quatre Boeing 747 pourraient tenir côte à côte sous les arches principales de ses tribunes. Durant les Jeux, il a accueilli 110 000 spectateurs.

Le parc olympique et le stade construits pour les Jeux de Montréal (1976).

l'air et à réfléchir à la préservation de l'environnement naturel. Le pays hôte doit s'engager à respecter la faune et la flore, à veiller à ce que les nouvelles constructions ne dénaturent pas le paysage et ne mettent pas en danger des espèces protégées. Désormais, il faut concilier beauté, sécurité et environnement.

Les Jeux de Sydney ont voulu être les premiers Jeux verts. En partenariat avec Greenpeace, les organisateurs ont privilégié l'énergie solaire, des bus au gaz naturel, l'utilisation de l'eau de pluie pour arroser et le recyclage des déchets. Le village olympique a préservé la richesse de la faune locale.

Des casernes à la marina de luxe

L'époque est révolue où les athlètes étaient logés dans de modestes baraques en bois comme à Paris, dans des casernes comme à Londres au lendemain de la Seconde Guerre mondiale. Aujourd'hui, les villages olympiques rivalisent de confort, de haute technologie et de luxe.

L'argent envahit les Jeux

Les JO offrent à la planète entière un spectacle unique, les cérémonies d'ouverture sont un show grandiose au coût phénoménal. Si, lors des premiers Jeux, la fortune de riches mécènes suffisait, depuis quelques années il faut trouver d'importants financements qui restent en accord avec les valeurs olympiques. L'augmentation des droits de retransmission, la vente des produits marketing, des billets, des licences fournissent des ressources supplémentaires. Les Jeux ne peuvent échapper à une logique économique, le rêve d'un sport désintéressé,

Depuis les années 1980, la télévision occupe une place considérable. La vente des droits télé est l'une des principales ressources du CIO ; en 20 ans, cela représente plus de 10 milliards de dollars.

Un bel exemple : aux JO de Montréal, le Tanzanien Akhwari se déboîte le genou et finit la course une heure après les autres. Il dira : « Mon pays ne m'a pas envoyé à 10 000 km de chez moi pour prendre le départ d'une course, mais pour la finir. »

Pendant les Jeux de Berlin, des écrans de télévision permettent aux habitants de suivre gratuitement les compétitions. Environ 200 000 téléspectateurs profitent de cette installation.

pratiqué pour le simple plaisir de participer à une compétition, est difficile à réaliser.

La télévision suit les Jeux

Pour la première fois en 1960, l'Europe (dix-huit pays), les États-Unis et le Canada ont pu suivre à la télévision, en direct ou en différé, les exploits des athlètes des Jeux de Rome. Depuis, la télévision n'a cessé d'envahir le stade (la première Mondiovision a eu lieu en 1964) et aujourd'hui les

Hans Ertl et Leni Riefenstahl filmant les JO de Berlin en 1936 pour le documentaire* Les Dieux du stade *(1938).

téléspectateurs se comptent en milliards : 4,7 milliards pour les Jeux de Pékin.

La solidarité olympique

L'importante manne financière que génèrent les JO permet au Mouvement olympique d'aider les plus démunis. Désormais, grâce à la solidarité olympique, tous les pays peuvent envoyer une sélection d'athlètes. Des bourses sont allouées aux moins de 20 ans, de meilleures formations sont offertes aux entraîneurs et les équipements sont améliorés.

Entre 2009 et 2011, le montant de l'aide s'est élevé à 311 millions de dollars.

Aux JO d'Atlanta, 155 athlètes, venus de 55 pays, ont profité de ce programme.

Aider les réfugiés

Des athlètes réfugiés ont pour la première fois participé aux Jeux olympiques à Rio, en 2016. Parmi eux se trouvaient : deux nageurs de Syrie, des judokas du Congo, un marathonien d'Éthiopie et quatre coureurs du Soudan du Sud. Pour 2021, le CIO a accordé une bourse à 37 athlètes qui doivent se qualifier pour Tokyo. Ils viennent de neuf pays en guerre dont l'Afghanistan, l'Iran, le Soudan et la Syrie et vivent actuellement dans 11 pays différents.

L'athlète kényane Tegla Loroupe, première athlète africaine vainqueur du marathon de New York en 1994, sera la cheffe de mission de cette équipe de réfugiés.

Amateurisme et professionnalisme

Lors des Jeux de Sapporo (1972), le président du CIO annonce : « Tout le monde comprendra que les Jeux olympiques sont un événement sportif et non une entreprise commerciale. Le CIO ne saurait accepter de voir certains concurrents connus comme étant des professionnels prendre part aux épreuves ! » Pendant des années, des participants se sont vu retirer leur médaille pour avoir touché de l'argent. Afin de permettre à tous de participer, les règles ont fini par s'assouplir et les professionnels ont été officiellement admis. Les équipements, les entraînements et les déplacements pour prendre part aux compétitions ont un tel coût que les athlètes ne peuvent les assumer seuls. Selon les pays, ils perçoivent des bourses d'État ou des subventions provenant de fonds privés.

Chaque vainqueur de l'équipe de France touche un cachet : 50 000 euros pour une médaille d'or, 20 000 euros pour une médaille d'argent, et 13 000 euros pour le bronze.

Souvenirs des Jeux

Pièces de monnaie, timbres, torches, coupes, tee-shirts… sont autant d'objets qui commémorent l'olympisme. Ces souvenirs sont très prisés et des foires de collectionneurs sont organisées périodiquement. À partir de 1968, sur le modèle des Jeux d'hiver, les organisateurs des Jeux d'été ont décidé de choisir une mascotte, symbole de fraternité et aussi excellent support commercial.

Le culte de la performance

Pierre de Coubertin affirmait : « L'effort est la joie suprême : le succès n'est pas un but, mais un moyen pour viser plus haut. » Il semble aujourd'hui que les deux soient réunis : il s'agit d'aller plus loin pour remporter le succès. Participer n'est plus l'unique objectif, il faut gagner en inscrivant un nouveau record. C'est la quête effrénée de la performance.

Le dopage

Dans l'Antiquité, les athlètes cherchaient à améliorer leurs résultats ou à lutter contre la fatigue grâce à des breuvages, des plantes, des aliments divers… Aujourd'hui, ils visent à rendre leur corps plus résistant et à augmenter leur masse musculaire. Ils s'entraînent intensément pour participer à toutes les compétitions sans toujours veiller à leur récupération. Pour y parvenir, certains athlètes ont recours au dopage en utilisant des substances chimiques. Ces produits sont interdits car ils dévalorisent le sport, nuisent au fair-play et sont dangereux.

Au début du XXe siècle, les produits illicites étaient l'alcool, la caféine, l'opium et la strychnine. Dans les années 1930 sont apparus les amphétamines, les anabolisants et les corticoïdes encore utilisés comme médicaments aujourd'hui.

Entre 1987 et 1990, une vingtaine de jeunes athlètes pratiquant des sports d'endurance sont décédés brutalement. Leur mort est sans doute la conséquence d'un dopage à l'EPO.

Les femmes et le dopage

Le fléau du dopage ternit aussi le sport féminin. Un changement hormonal peut permettre de meilleurs résultats sportifs, c'est pourquoi certaines athlètes acceptent que l'on provoque chez elles une grossesse par insémination artificielle. Après la compétition, elles subissent une interruption volontaire de grossesse. La prise de substances dopantes est souvent très visible chez les femmes dont le

Renata Neufeld, une jeune athlète de l'Allemagne de l'Est, a avoué qu'après avoir pris des pilules sur le conseil de son entraîneur, sa voix était devenue rauque, ses règles s'étaient arrêtées et ses lèvres assombries d'une moustache.

corps se modifie et se met à ressembler à celui d'un homme : perte de la poitrine, élargissement des épaules, cuisses excessivement musclées…

Quand le dopage s'organise à l'échelle d'un pays

La Russie a pratiqué un dopage institutionnel avec la complicité du ministère des Sports au moment où les Jeux d'hiver avaient lieu en Russie (à Sotchi en 2014). Le CIO a disqualifié 43 athlètes de l'équipe russe et a retiré à l'équipe ses médailles (13 en tout

PRATIQUES ET PRODUITS DOPANTS

La commission médicale du CIO publie chaque année une liste des pratiques et des produits interdits. Le nombre de produits est si important, qu'elle ne peut tous les répertorier.

Les méthodes physiques

- **L'électrostimulation** augmente la puissance et la force du muscle par un courant électrique sans fatiguer le reste de l'organisme.
- **L'autotransfusion** accroît le nombre de globules rouges et permet une meilleure oxygénation des tissus. On prélève le sang de l'athlète, on en isole les globules rouges qui lui sont réinjectés la veille de la compétition.

dont 4 en or). La Russie est suspendue et ne peut se présenter à d'autres JO jusqu'en 2022 inclus. Malgré tout, les athlètes « propres » sont autorisés à participer sous bannière neutre et sans hymne.

Dans les années 1970, les athlètes de RDA firent sensation, notamment les nageuses aux épaules démesurées. Au début des années 1990, les nageuses et les coureuses chinoises pulvérisèrent les records. Les tests antidopage se sont révélés positifs.

Une lutte de plus en plus sérieuse

Lutter contre le dopage, c'est défendre une image positive et saine du sport, telle que l'ont définie les principes fondamentaux de l'olympisme. Seul le travail de l'athlète doit le conduire à la performance et à la victoire, et non la triche.

Les méthodes pharmacologiques (liste non exhaustive)

- **Les anabolisants** (surtout la testostérone et la nandrolone) augmentent la masse musculaire et améliorent la résistance à la fatigue ou à la douleur.
- **Les hormones de croissance** contribuent à développer la puissance musculaire.
- **Les tranquillisants** permettent de lutter contre l'anxiété et de maîtriser l'accélération du rythme cardiaque.
- **Les stimulants** aident l'athlète à se surpasser lors d'une épreuve.
- **Les corticoïdes** suppriment la fatigue et créent un état d'euphorie.
- **L'érythropoïétine (EPO)** est une hormone qui augmente le nombre de globules rouges dans le sang, améliore la capacité de récupération, l'endurance et la résistance à l'effort.
- **Les diurétiques** permettent de masquer la prise d'autres produits dopants, de perdre du poids rapidement (passage dans une autre catégorie), d'améliorer sa vitesse (meilleure ventilation).

ILS ONT TRICHÉ

Thomas Hicks (1875-1963), après avoir bu un mélange brandy-œuf et s'être fait deux injections de strychnine dans les derniers kilomètres de la course, a remporté le marathon aux JO de Saint Louis en 1904. Personne n'a contesté sa victoire.

Knud Enemark Jensen (1939-1960), cycliste danois, meurt, lors des JO de Rome (1960), terrassé par une crise cardiaque sur la piste du contre-la-montre après avoir pris des amphétamines.

Ben Johnson (né en 1961) a remporté le 100 m aux JO de Séoul (1988) en 9 s 79 (Asafa Powell a battu ce record en septembre 2007). Testé positif aux anabolisants, le sprinter canadien a été suspendu et son record n'a pas été homologué. Revenu à la compétition en 1991, il est retombé pour dopage deux ans plus tard et, cette fois, il est radié à vie. L'affaire Ben Johnson a fait l'effet d'une bombe dans le monde du sport.

Ben Johnson aux JO de Séoul.

Marion Jones, cette athlète américaine a remporté aux JO de Sydney (2000) trois médailles d'or et deux de bronze. En octobre 2007, elle a avoué s'être dopée. Tous ses résultats sportifs postérieurs à 2000 ont été annulés et elle a écopé d'une peine de six mois de prison.

Marion Jones venant de remporter la médaille d'or lors du championnat du monde d'athlétisme en 2001 au Canada.

1963 : création par le Conseil de l'Europe d'une commission d'experts chargée d'étudier la lutte contre le dopage.
1965 : en France, en Belgique et en Italie est adopté un texte de loi prévoyant de sanctionner les pourvoyeurs ou les utilisateurs de produits dopants.
1968 : le CIO décide d'effectuer des tests antidopage lors des JO.
1986 : adoption par 27 pays membres du CIO d'une Charte internationale contre le dopage dans le sport.
1999 : fondation de l'Agence mondiale antidopage (AMA). Cette agence suisse défend un sport sans dopage en veillant à ce que le Code mondial antidopage soit respecté partout.
2005 : adoption par l'Unesco d'une convention internationale contre le dopage dans le sport qui donne aux pays des moyens légaux pour agir contre le dopage.
Novembre 2007 : adoption d'un code mondial antidopage qui prévoit des amendes pour les tricheurs.
2008 : le CIO exige que chaque fédération multiplie les contrôles antidopage avant les compétitions.
2012 : les Jeux de Londres se sont voulus exemplaires : plus de 6 000 échantillons ont été analysés en 17 jours. 107 athlètes ont été écartés avant la compétition.

1989 : adoption en France de la loi du 28 juin, qui prévoit de contrôler et de punir les cas de dopage.

Les athlètes doivent se soumettre à des contrôles (urine et sang) selon un protocole précis pour s'assurer que les liquides prélevés sont bien les leurs. Si un athlète refuse le prélèvement d'un échantillon ou tente de s'y soustraire, il commet une faute qui peut aller jusqu'à la disqualification.

Le coureur Rashid Ramzi, médaille d'or au 1 500 m, a perdu son titre. Il a été déclaré positif à l'EPO Cera en février 2009.

7

CHAMPIONS ET CHAMPIONNES

Les grands sportifs et leurs exploits

LES CHAMPIONS D'HIER

James Connolly (1865-1957) athlétisme

Il devint ensuite journaliste et fut récompensé par le prestigieux prix Pulitzer.

Cet étudiant américain remporta aux JO d'Athènes (1896) la médaille d'or au triple saut, la médaille d'argent au saut en hauteur, la médaille de bronze au saut en longueur. Aux JO de Paris (1900), il décrocha l'argent au triple saut. Il est le premier champion olympique des Jeux modernes.

Ray Ewry (1873-1937) athlétisme

Lors des JO de Paris (1900), cet athlète américain remporta, le même jour, trois épreuves de saut : longueur, hauteur et triple saut sans élan. Il remporta encore trois épreuves aux JO de Saint Louis (1904), deux aux Jeux intercalés d'Athènes (1906) et deux à ceux de Londres (1908), obtenant en tout huit médailles d'or – un véritable exploit !

Son histoire est racontée dans le film *Le Chevalier du stade* (1951) de Michael Curtiz avec Burt Lancaster.

Jim Thorpe (1888-1953) athlétisme

Ce coureur américain remporta le pentathlon et le décathlon aux JO de Stockholm (1912). Disqualifié et rayé du palmarès des JO en 1913 pour avoir reçu de l'argent, il sera réhabilité en 1982 et ses médailles seront remises à sa fille.

Paavo Nurmi (1897-1973) athlétisme

Cet athlète finlandais a été un grand coureur de fond. Il participa trois fois aux JO (1920, 1924, 1928), inscrivit dix-sept records du monde et obtint douze médailles (neuf d'or, trois d'argent). Il sera disqualifié pour professionnalisme aux JO de Los Angeles (1932).

Surnommé pour son agilité « l'homme caoutchouc », Ray Ewry réalisa le record du monde du saut en longueur sans élan (3,47 m), jamais battu.

Ce grand nageur incarna pendant 20 ans le personnage de Tarzan, roi de la jungle, dans 12 films.

Sonja Henie fut la première à porter une jupe courte en compétition et aussi la première à utiliser des mouvements de danse pour chorégraphier ses éléments.

Johnny Weissmuller (1904-1984) natation

Ce nageur américain remporta cinq médailles d'or et une médaille de bronze aux JO de Paris (1924) et d'Amsterdam (1928), dans quatre disciplines : 100 m nage libre, 400 m, relais 4 × 200 m et water-polo. Il a établi 28 records du monde de natation.

Sonja Henie (1912-1969) patinage artistique

Cette Norvégienne détenait, à 20 ans, trois médailles d'or olympiques (1928, 1932 et 1936) et avait remporté dix championnats du monde. Consciente de la gloire que pouvait lui apporter son talent, elle quitta la compétition et devint actrice pour le music-hall et pour Hollywood.

Jesse Owens (1913-1980) athlétisme

Cet athlète noir américain remporta quatre médailles d'or (100 m, 200 m, saut en longueur et relais 4 × 100 m) aux JO de Berlin (1936). En 1976, il reçut la médaille présidentielle de la Liberté, la plus haute distinction civile américaine.

Sonja Henie, surnommée « la fée des glaces », photographiée vers 1935.

En la lui remettant, Gerald Ford dit : « Jesse Owens a réussi un exploit qu'aucun homme d'État, aucun journaliste, aucun général n'aurait pu réaliser : il a forcé Adolf Hitler à sortir du stade. »

Depuis 1981, le meilleur athlète américain reçoit le Jesse Owens Award.

Fanny Blankers-Koen (1918-2004) athlétisme

Cette mère de famille néerlandaise, surnommée « la ménagère volante », remporta quatre médailles d'or aux JO de Londres (1948) (200 m, 100 m, 80 m haies, relais 4 × 100 m). Elle fut cinq fois championne d'Europe et laissa seize records du monde (100 m, 200 m haies, saut en hauteur, saut en longueur, pentathlon, relais 4 × 100 m).

En 1999, elle est désignée comme l'athlète féminine du XXe siècle.

Emil Zatopek (1922-2000) athlétisme

Cet athlète tchèque s'illustra dans la course de fond. Il remporta quatre médailles d'or, une aux JO de Londres (1948) sur 10 000 m et trois aux JO d'Helsinki (1952) sur 10 000 m, 5 000 m et pour le marathon. Il inscrivit dix-huit records et fut trois fois champion d'Europe. Il fut récompensé à titre posthume par la médaille Pierre de Coubertin qui honore les athlètes d'exception.

Le jour de sa victoire au 5 000 m, sa femme, Dana, remporta la médaille d'or au javelot.

Abebe Bikila (1932-1973) athlétisme

Cet athlète éthiopien remporta, pieds nus, le marathon des JO de Rome (1960) en 2 h 15 min 16 s.

Aux JO de Tokyo (1964), il renouvela son exploit en 2 h 12 min 11 s.

Larisa Latynina (1932) gymnastique

Pendant 48 ans, ce record n'a pas été battu. C'est ensuite Michael Phelps avec ses 28 médailles qui est l'athlète le plus titré.

Cette gymnaste russe détient dix-huit médailles : neuf en or, cinq en argent et quatre en bronze qu'elle a remportées lors des JO de Melbourne (1956), de Rome (1960) et de Tokyo (1964).

Wilma Rudolph (1940-1994) athlétisme

Après une médaille de bronze aux JO de Melbourne (1956), cette Américaine remporta trois médailles d'or (100 m, 200 m, relais 4 × 100 m) aux JO de Rome (1960) et inscrivit deux records du monde.

Cassius Marcellus Clay (1942) boxe

Cassius Clay, dit Mohamed Ali, remporta la médaille d'or des poids mi-lourds lors des JO de Rome (1960) et devint en

Wilma Rudolph, surnommée « la gazelle noire », avec le trophée remis en février 1962.

1965 champion du monde en professionnel. Il ne compte pas moins de 56 victoires pour seulement cinq défaites sur toute sa carrière. Il est également un militant actif contre la discrimination raciale.

Il a été choisi pour allumer la vasque olympique aux JO d'Atlanta (1996).

Bob Beamon (1946) athlétisme

Cet athlète noir américain marqua les mémoires aux JO de Mexico (1968) : il fit un saut en longueur extraordinaire de 8,90 m, battant le précédent record de 55 cm !

23 ans plus tard, cette performance sera battue par l'Américain Mike Powell, qui atteignit 8,95 m.

Irina Rodnina (1949) patinage artistique

Cette patineuse russe a obtenu le plus grand nombre de victoires de l'histoire : trois médailles olympiques (1972, 1976, 1980), dix titres successifs de championne du monde (de 1969 à 1978), onze titres de championne d'Europe en couple (de 1969 à 1978 et en 1980).

LES CHAMPIONS D'AUJOURD'HUI (nés après 1950)

Mark Spitz (1950) natation

Ce nageur américain se fait remarquer aux JO de Mexico (1968) où il décroche deux médailles d'or, une d'argent et une de bronze. Aux JO de Munich (1972), il remporte sept médailles d'or et établit sept records du monde.

La gymnaste Nadia Comaneci aux barres asymétriques, aux Jeux olympiques de Montréal le 22 juillet 1976. Elle gagne la médaille d'or, avec la note maximale, à 14 ans !

Ingemar Stenmark (1956) ski

Ce skieur suédois, cinq fois champion du monde, décroche deux médailles d'or aux JO de Lake Placid (1980).

La métamorphose du corps de Florence Griffith-Joyner laissa à penser qu'elle aurait pu se doper. Néanmoins, elle n'a jamais été contrôlée positive.

Florence Griffith-Joyner (1959-1998) athlétisme

Cette Américaine remporte une médaille d'argent aux JO de Los Angeles (1984), puis occupe le devant de la scène aux JO de Séoul (1988) où elle gagne trois médailles d'or et inscrit deux records du monde (100 m, 200 m) qui restent à battre.

Nadia Comaneci (1961) gymnastique

Cette jeune Roumaine remporte cinq médailles d'or : trois aux JO de Montréal (1976) et deux aux JO de Moscou (1980).

Nadia Comaneci a ébloui le public et le jury qui lui donna 7 fois 10/10.

Carl Lewis (1961) athlétisme

Cet athlète noir américain, plusieurs fois champion du monde, obtient neuf médailles d'or aux JO : quatre en 1984 (100 m, 200 m, 4 × 100 m, saut en longueur), deux en 1988 (100 m et saut en longueur), deux en 1992 (100 m, 4 × 100 m) et une dernière en 1996 au saut en longueur.

Steve Redgrave (1962) aviron

Ce rameur britannique remporte une médaille d'or lors de cinq olympiades consécutives : à Los Angeles (1984), à Séoul (1988), à Barcelone (1992), à Atlanta (1996) et à Sydney (2000).

Carl Lewis aux JO de Los Angeles en août 1984. Il a été nommé « athlète du siècle » par le CIO.

Matt Biondi (1965) natation

Ce nageur américain décroche onze médailles olympiques dont huit en or aux JO de Los Angeles (1984), de Séoul (1988) et de Barcelone (1992). Il fut deux fois champion du monde.

Katarina Witt (1965) patinage artistique

Cette patineuse allemande décroche deux médailles d'or aux JO d'hiver de Sarajevo (1984) et de Calgary (1988). Elle est plusieurs fois championne du monde et d'Europe.

Michael Johnson (1967) athlétisme

Cet athlète américain remporte quatre titres olympiques (en 1992, 1996 et 2000) et neuf titres mondiaux. Il détient le record du monde sur le 400 m. Depuis 2006, il s'est retiré de la compétition.

Peu après les Jeux d'Atlanta, il se fit agresser et reçut plusieurs coups de couteau dans le ventre. À peine six mois plus tard, il nageait à nouveau et conservait ses titres aux championnats d'Europe (1997).

Alexander Popov (1971) natation

Ce nageur russe, six fois champion du monde, remporte neuf médailles olympiques : deux en or, deux en argent à Barcelone (1992) ; même palmarès à Atlanta (1996) ; une en argent à Sydney (2000).

Surnommé « le pitbull » il est connu pour sa pugnacité et sa rapidité.

Maurice Greene (1974) athlétisme

Ce coureur noir américain remporte quatre médailles dont deux d'or à Sydney (2000) et à Athènes (2004). Il est l'un des rares coureurs à avoir couru huit années de suite le 100 m en dessous de 10 s.

Ian Thorpe (1982) natation

Il est le champion le plus titré d'Australie. Il remporte six titres olympiques aux JO de Sydney (2000) et d'Athènes (2004), dont cinq médailles d'or, et détient treize titres de champion du monde.

Malgré son jeune âge, il a pris sa retraite en 2006, suite à des blessures.

Michael Phelps (1985) natation

Ce nageur américain remporte six titres olympiques (quatre médailles d'or et deux de bronze) à Athènes (2004) et huit médailles d'or à Pékin (2008). Il gagne quatorze fois les championnats du monde et a battu cinq records du monde.

Usain Bolt (1986) athlétisme

Ce Jamaïcain est la révélation des Jeux de Pékin où il remporte trois médailles d'or et bat le record du monde sur 100 et 200 m. Cinq fois champion du monde, il est le spécialiste du sprint, d'où son surnom « Lightning Bolt » (l'éclair).

Simone Biles (1997) gymnastique

Cette gymnaste américaine hors du commun est la gymnaste la plus décorée de tous les temps avec 19 titres mondiaux et quatre médailles d'or aux JO de Rio en 2016. Au total, elle a remporté sur la scène internationale 30 médailles et compte bien en recevoir de nouvelles à Tokyo.

LES GRANDES FIGURES FRANÇAISES DEPUIS LES ANNÉES 1990

David Douillet (1969) judo

Entre 1993 et 1997, ce judoka décroche plusieurs titres de champion du monde et de champion de France. À Atlanta (1996) et à Sydney (2000), il remporte la médaille d'or.

Lors de la cérémonie d'ouverture des JO d'Atlanta (1996), elle porte le drapeau français et devient, après la nageuse Kiki Caron en 1968, la seconde femme à être honorée d'une telle mission.

Elle est porte-drapeau de la France aux JO de Londres en 2012.

Marie-José Pérec (1968) athlétisme

Trois fois championne du monde et d'Europe du 400 m, cette athlète remporte la médaille d'or au 400 m aux JO de Barcelone (1992). Elle gagne deux médailles d'or (200 m, 400 m) aux JO d'Atlanta (1996). Elle provoque la surprise à Sydney (2000) en renonçant à courir. Elle prend sa retraite sportive en 2004. Elle est l'une des plus brillantes athlètes françaises des cinquante dernières années.

Félicia Ballanger (1971) cyclisme

En 1998 à Bordeaux, elle porte à 34,010 s le record du monde du 500 m.

Cette cycliste brille dans deux disciplines de la piste : le 500 m et l'épreuve de vitesse. Elle remporte tous les titres de championne du monde entre 1995 et 1999 et devient championne olympique de vitesse à Atlanta en 1996. En 2000, aux Jeux de Sydney, elle remporte deux médailles d'or.

Florian Rousseau (1974) cyclisme

Connu pour sa ténacité et sa rigueur, ce cycliste est quatre fois champion du monde et quinze fois champion de France. Il remporte plusieurs médailles olympiques, une médaille d'or à Atlanta (1996), deux médailles d'or et une médaille d'argent à Sydney (2000). En 2000, il devient premier champion olympique de keirin.

Le keirin est une course de 2 km entre cinq ou sept coureurs. C'est un lièvre (vélomoteur) qui ouvre la course : au début les coureurs doivent rester derrière puis ils accélèrent. Ils peuvent atteindre 50 km/h.

Laura Flessel (1971) escrime

Cette escrimeuse a un beau palmarès : quinze fois championne de France, six fois championne du monde et une fois championne d'Europe. Elle détient cinq médailles olympiques dont deux médailles d'or (1996). Escrimeuse la plus titrée de France, elle occupe le poste de ministre des Sports de mai 2017 à septembre 2018, dans le gouvernement d'Emmanuel Macron.

Tony Estanguet (1978) kayak

Il a participé à quatre éditions consécutives des JO (2000, 2004, 2008 et 2012). Il remporte trois fois la médaille d'or en canoë slalom monoplace. Lors des JO de Pékin, il était porte-drapeau pour la France.

Tony Estanguet est le président des Jeux olympiques qui auront lieu à Paris en 2024.

Steeve Guénot (1985) lutte

Trop jeune pour participer aux JO d'Athènes, il se rattrape lors des éditions suivantes : il remporte deux médailles olympiques, l'or à Pékin en 2008 et le bronze à Londres en 2012, en lutte gréco-romaine dans la catégorie des moins de 66 kg.

Le même jour, son frère Christophe remporte la médaille de bronze également en lutte, dans la catégorie des moins de 74 kg.

Marie Dorin-Habert (1986) ski, biathlon

Cinq fois championne du monde, elle remporte l'or en relais mixte, notamment avec Anaïs Bescond et Martin Fourcade, et le bronze en relais féminin aux JO d'hiver de 2018. Elle remporte sept fois la Coupe du monde. Elle est la biathlète française la plus décorée et met fin à sa carrière en 2018.

Laure Manaudou (1986) natation

Nageuse prodige, elle brille aux JO d'Athènes avec trois médailles. Championne de France, d'Europe et du monde, elle bat en 2006 le record du monde du 400 m et remporte deux médailles d'or aux championnats du monde (2007).

Laure Manaudou après sa victoire au 400 m libre, aux JO d'Athènes le 15 août 2004.

Anaïs Bescond (1987) ski, biathlon

Cette biathlète remporte l'or en relais mixte et deux fois le bronze en 2018, aux JO d'hiver qui ont lieu en Corée du Sud. Elle détient cinq médailles d'argent aux championnats du monde et une victoire en Coupe du monde.

Martin Fourcade (1988) ski, biathlète

Ce skieur a un palmarès très impressionnant. Il est onze fois champion du monde, a remporté en tout six médailles aux Jeux olympiques d'hiver (2010, 2014, 2018), et a été sept fois vainqueur au classement général de la Coupe du monde.

Teddy Riner (1989) judo

Avec ses neuf titres mondiaux, 134 combats sans défaite, sept ans d'invincibilité et trois médailles olympiques (de bronze à Pékin et d'or à Londres et Rio), certains affirment qu'il est le maître du monde du haut de ses 2,03 m, dans la catégorie des plus de 100 kg.

Teddy Riner assiste à un entraînement de jeunes judokas en octobre 2007 à Paris.

Camille Muffat (1989-2015) natation

Nageuse exceptionnelle, elle révèle son talent dès 15 ans, lorsqu'elle bat Laure Manaudou aux championnats de France en 2005. Aux JO de Londres, elle remporte trois médailles : l'or sur le 400 m nage libre, l'argent sur le 20 m

En 2015, elle meurt tragiquement lors d'un accident d'hélicoptère, alors qu'elle tourne une émission de télé-réalité en Argentine.

nage libre et le bronze sur le relais 4 × 200 m nage libre.

Nous n'avons pas pu lister tous les champions et championnes, ils sont encore très nombreux !

LES FRANÇAISES ET LES FRANÇAIS QUI SERONT À TOKYO 2021

Le challenge des athlètes français est sans doute de faire au moins aussi bien que le bilan des JO de Rio en 2016 : en tout 42 médailles – 10 en or, 18 en argent et 14 en bronze.

Le porte-drapeau sera désigné quelques semaines avant le début des JO. Plusieurs noms circulent actuellement : le perchiste Renaud Lavillenie, la judokate Clarisse Agbegnenou, la lanceuse de disque Mélina Robert-Michon, et le coureur Kevin Mayer.

Nous avons sélectionné quelques sportives et sportifs qui pourraient briller aux Jeux olympiques de Tokyo et rapporter des médailles pour la France. Toutes les sélections ne sont pas connues à l'heure de la publication de cet ouvrage. Par ailleurs, nous n'avons pas pu citer tous les athlètes. C'est probablement l'un de ces athlètes qui sera porte-drapeau de l'équipe de France…

Les sports individuels

Yohann Diniz (1978) athlétisme

Ce champion du monde sur 50 km marche est une figure importante de l'athlétisme français. Après trois titres de champion d'Europe, il décroche le titre de champion du monde de marche en 2017, à Londres. En 2015, à 39 ans, il détient le record du monde : 50 km de marche en 3 h 32 !

Yohann Diniz lors du 50 km marche homme des championnats d'Europe d'athlétisme 2010.

Pauline Ferrand-Prévôt (1992) cyclisme/VTT

Double championne du monde de VTT cross-country (2015 et 2019), elle est titrée également sur la route (2014) et en cyclo-cross (2015) au niveau mondial.

Les frères Mawem, Mickael (1990) et Bassa (1984) escalade

Ils sont connus pour leur force de travail et leur esprit de compétition : l'un s'entraîne en Nouvelle-Calédonie, l'autre en Isère. Quand ils ont su que l'escalade figurait aux prochains JO, ils se sont fixé le défi d'y être : pari gagné !

Clarisse Agbegnenou (1992) judo

Cette judokate est surnommée la « Teddy Riner » au féminin. Elle est quadruple championne du monde, entre 2017 et 2019. Elle a réussi une fantastique série de 50 victoires d'affilée dans sa catégorie, les moins de 63 kg. Un titre olympique est ce qui manque à son palmarès.

Florent Manaudou (1990) natation

Frère de la championne olympique, Laure, il a décroché deux médailles d'argent aux JO de Rio. Il a ensuite mis sa carrière de nageur entre parenthèses pendant deux ans pour se consacrer au handball. Depuis le printemps 2019, il affiche son ambition d'être à Tokyo. Il suit un entraînement poussé avec la perspective du relais et du 50 m nage libre.

Johanne Defay (1993) surf

Originaire de La Réunion, elle incarne l'espoir du surf français. Elle a été championne d'Europe en 2013 et a remporté trois épreuves de la World Surf League depuis son arrivée sur le circuit mondial en 2014.

Léa Labrousse (1997) trampoline

Quatre fois championne de France en junior, elle décroche aux championnats d'Europe de 2016 l'or en synchronisé et a également terminé à la première place des Jeux européens de 2019 en individuel.

Les sports en équipe

Basket – équipe masculine

La France et l'Espagne seront les deux pays européens présents aux JO de Tokyo. Les Bleus affronteront les États-Unis et l'Iran.

Escrime – équipe masculine d'épée

Yannick Borel (1988), Ronan Gustin (1987), Alexandre Bardenet (1990) et Romain Cannone (1997) forment l'équipe masculine d'épée. C'est une discipline où la France est invaincue depuis les Jeux olympiques de 2004, enchaînant les titres à Athènes, Pékin (2008) et Rio (2016). À Londres (2012), l'arme n'existait pas dans le programme par équipes.

Football – équipe masculine

L'équipe de France Espoirs s'est qualifiée pour les JO. Les règles de recrutement sont strictes : les joueurs doivent être nés après le 1er janvier 1997. Trois joueurs âgés de plus de 23 ans sont également autorisés. Quels sont les joueurs qui seront sur le terrain ? Mbapé, Pogba ou Griezmann seront-ils présents ? Rien n'est moins sûr.

Handball – équipe féminine

C'est la sixième fois d'affilée que l'équipe féminine

de handball participe aux JO. En 2016, aux JO de Rio, elles ont remporté une médaille d'argent. En 2018, les joueuses remportent simultanément un titre de championnes d'Europe et de championnes du monde.

Neymar, le joueur brésilien alors âgé de 24 ans, avait participé en 2016 et avait soulevé le trophée, lors de la victoire du Brésil face à l'Allemagne.

Gymnastique artistique – équipe féminine

C'est en arrivant quatrièmes à l'occasion des mondiaux 2019, à Stuttgart (Allemagne), qu'elles

En action, la capitaine de l'équipe de handball féminine Siraba Dembélé Pavlovic, pendant le match opposant la France à la Russie pour la finale de l'Euro féminin 2018.

empochent un billet collectif pour Tokyo. Dans l'équipe, on verra Mélanie De Jesus Dos Santos (2000), qui est la Française la plus titrée aux championnats d'Europe de gymnastique artistique, et la jeune Aline Friess (2003).

Voile – la paire **Quentin Delapierre** (1992)/ **Manon Audinet** (1992) en Nacra 17 à foils

C'est un duo récent (pas plus de deux ans de navigation ensemble) qui a brillé à la Coupe du monde de voile en août 2019. Quentin Delapierre et Manon Audinet se retrouvent alors sélectionnés pour les Jeux olympiques. Une performance encore jamais réalisée en olympisme en France.

8 JEUX PARALYMPIQUES

et Jeux olympiques pour la jeunesse

Ludwig Guttmann était chargé, à l'hôpital de Londres, de la rééducation des blessés de guerre devenus paraplégiques.

Jeux d'été
2010 - Singapour
2014 - Nanjing (République Populaire de Chine)
2018 - Buenos Aires (Argentine)
Jeux d'hiver
2012 - Innsbruck (Autriche)
2016 - Lillehammer (Norvège)
2020 - Lausanne (Suisse)

LES PARALYMPIQUES

Des jeux parallèles

Le neurochirurgien Sir Ludwig Guttmann (1899-1980) relève le défi d'associer sport et handicap. À ses yeux, les handicapés physiques ou visuels doivent pouvoir bénéficier d'une organisation similaire à celle des Jeux olympiques. Il crée en 1960 les premiers « Jeux paralympiques pour handicapés physiques et visuels », qui ont lieu depuis, tous les quatre ans, à la suite des Jeux olympiques. En 1976, des Jeux paralympiques d'hiver ont aussi été organisés.

De nombreuses disciplines

Le Comité international paralympique (CIP) est l'organe mondial qui régit et développe le Mouvement paralympique. Il organise les Jeux d'été et d'hiver. Il s'engage à accompagner les athlètes vers l'excellence, sans dopage.

Les Paralympiques d'été proposent vingt sports : athlétisme, aviron, basket-ball en fauteuil roulant, boccia, cyclisme, équitation, escrime en fauteuil roulant, football ou cécifoot à 5, football à 7, dynamophilie (haltérophilie), goalball, judo, natation, rugby et tennis en fauteuil roulant, tennis de table, tir, tir à l'arc, voile, volley-ball assis. Deux nouveaux sports

L'adjectif paralympique est né de la fusion de « paraplégique » et « olympique ». Aujourd'hui, on donne à « para » son sens étymologique « à côté, en parallèle » : les Paralympiques sont donc les jeux qui ont lieu en parallèle des Jeux.

Depuis 1988, les Paralympiques se déroulent dans la ville organisatrice des JO.

La Canadienne Chantal Petitcletc (2e à partir de la gauche) célèbre sa victoire lors de la finale du 800 m en fauteuil roulant aux JO d'Athènes (2004).

Le premier médaillé de Sydney (2000) est le cycliste slovaque Radovan Kaufman, qui est unijambiste.

La Néo-Zélandaise Neroli Fairhall est la première femme paraplégique à avoir participé à des Jeux olympiques. Elle a concouru en chaise roulante. Aux JO de Los Angeles (1984), elle a obtenu la 35e place.

font leur apparition aux Jeux paralympiques de Tokyo : le badminton et le taekwondo. De leur côté, les Paralympiques d'hiver comptent six sports : ski alpin, snowboard, ski nordique, biathlon, curling en fauteuil roulant et hockey sur glace.

Les différents handicaps

Les Paralympiques rassemblent des handicapés moteurs ou visuels : amputés, infirmes moteurs cérébraux, déficients visuels, sportifs en fauteuil roulant et autres appareillages.
Pour des questions de classement de handicap, les handicapés mentaux (de 8 à 80 ans) ont leurs

LES DISCIPLINES PARTICULIÈRES

- **La boccia :** ce sport ressemble beaucoup à la pétanque. Il se joue à deux équipes : l'une tire des boules bleues, l'autre des boules rouges. Il s'agit pour chacun des tireurs de placer sa boule au plus près d'une petite boule blanche, le «jack», qui est lancée en début de partie.

- **Le goalball :** inventé en 1946, ce sport de ballon s'adresse aux déficients visuels et aux malvoyants hommes et femmes. Trois joueurs d'une équipe de six font rouler une balle vers le but opposé. Les joueurs adverses tentent de l'intercepter.

propres Jeux olympiques. Ce sont les JO de sports adaptés qui existent depuis 1968 et proposent 26 sports : dix-neuf disciplines d'été et sept disciplines d'hiver. Cette organisation est implantée dans 150 pays.

Le symbole officiel des Jeux paralympiques.

Flamme, drapeau et devise

Les Jeux paralympiques s'ouvrent par une cérémonie où le porteur de la flamme allume la vasque olympique. Le drapeau, composé de trois virgules de couleur (verte, rouge, bleue) sur fond blanc, est un symbole coréen qui illustre la devise paralympique : « L'esprit, le corps, l'âme » .

Des joueurs de goalball.

Comme le degré de handicap visuel peut varier d'un joueur à l'autre, tous les joueurs de goalball portent un masque opaque. La balle contient des clochettes pour aider les participants à la repérer.

LES JEUX OLYMPIQUES DE LA JEUNESSE (JOJ)

L'engagement du CIO

Une initiative semblable avait été lancée en 1920 par les Russes avec les Spartakiades qui rassemblaient les jeunes athlètes des pays de l'Union soviétique.

Le 5 juillet 2007, le CIO accepte l'idée d'organiser des Jeux olympiques de la jeunesse. Cette nouvelle manifestation sportive internationale s'adresse aux athlètes de tous les pays âgés de 15 à 18 ans. Il ne s'agit pas d'une réplique miniature des JO mais plutôt d'une action en vue de diffuser auprès des jeunes l'idéal olympique et les bienfaits du sport.

La première en 2010

Pour plus d'équité, les épreuves regroupent les jeunes par catégories d'âge : 15-16 ans, 16-17 ans et 17-18 ans.

Les JOJ sont l'occasion de tester les nouveaux sports qui feront leur entrée aux JO de l'édition suivante. À Buenos Aires ont été testés positivement le skateboard et l'escalade qui seront effectivement à Tokyo 2021.

Les JOJ sont organisés tous les quatre ans, l'édition d'été la même année que les JO d'hiver et celle d'hiver l'année des JO d'été, dans le respect du calendrier climatique et scolaire. Les derniers JOJ d'été ont eu lieu en 2018 à Buenos Aires en Argentine. Ils ont réuni 4000 jeunes athlètes. Ceux d'hiver se sont tenus à Lausanne en janvier 2020 et ont réuni 1872 athlètes venus de 79 pays.

Faire redécouvrir les valeurs olympiques

Les JOJ sont relayés par un fort rayonnement médiatique (la page Facebook de Singapour 2010 comptait plus de 100000 fans) et une campagne de promotion des valeurs olympiques : respect, fraternité, excellence. Des épreuves mixtes et plurinationales sont organisées.

Pôle éducatif et culturel

Lors des JOJ, des rencontres et des tables rondes se tiennent pour réfléchir avec les jeunes aux dangers du dopage, aux risques liés à la sédentarité ou au surentraînement. Il s'agit de souligner les bienfaits d'un régime alimentaire équilibré et d'un rapport harmonieux entre la pratique sportive et d'autres activités sociales et éducatives. L'ambiance festive est au rendez-vous avec des spectacles de rue, un festival d'art urbain autour de la musique et de l'image (photo, cinéma, arts graphiques…).

Certains entraîneurs et médecins du sport s'élèvent contre les JOJ, à cause des risques de surentraînement, de tension nerveuse et de triche.

Les prochains Jeux olympiques de la jeunesse

La prochaine édition des JOJ aura lieu du 22 octobre au 9 novembre 2022 à Dakar. C'est la première fois que le continent africain accueille cette compétition. Deux sports sont nouvellement inscrits au programme : le base-ball à 5 et le wushu. Le budget opérationnel est estimé à 150 millions de dollars : soixante millions à la charge du Sénégal, soixante à celle du CIO et les trente restants devraient faire l'objet de discussions.

Le base-ball à 5 est une version jeune et urbaine du base-ball/softball. C'est le premier sport olympique par équipes mixtes, quatre femmes et quatre hommes sont dans chaque équipe.

Le wushu est un sport de combat populaire, destiné aux jeunes, qui compte 120 millions de licenciés dans le monde. Ce sport était au programme des Jeux africains de la jeunesse en 2018.

9

CAP SUR TOKYO 2021

(24 juillet - 6 septembre)

Tokyo, capitale du Japon, a été élue ville hôte des Jeux de la XXXIIe olympiade à Buenos Aires, le 7 septembre 2013.

Les JO reviennent à Tokyo 56 ans après : la ville avait accueilli les Jeux en 1964. Les Jeux olympiques de Tokyo s'ouvriront du vendredi 23 juillet et dureront jusqu'au dimanche 8 août 2021. Ils seront suivis des Jeux paralympiques, du mardi 24 août au dimanche 5 septembre 2021.

J-1 000, la fête commence

Dans le quartier de Nihonbashi à Tokyo, une cérémonie très festive s'est déroulée pour fêter le coup d'envoi à 1 000 jours de l'ouverture officielle des JO. Le quartier était décoré aux couleurs du logo olympique et les nombreux spectateurs ont assisté à des démonstrations sportives. À la nuit tombée, la tour de Tokyo s'est illuminée des couleurs olympiques et du nombre 1000.

Le compte à rebours est lancé

Une horloge a été installée sur la place Marunouchi dans le centre de Tokyo un an avant l'ouverture des Jeux. Mesurant près de 4 mètres de hauteur, cette horloge s'inspire du soleil levant et des éléments composant le logo des jeux. Un côté est destiné aux Jeux olympiques, l'autre aux Jeux paralympiques.

L'horloge du compte à rebours sur la place Marunouchi, dans le centre de Tokyo, illuminée la nuit.

Des valeurs généreuses

Les Jeux olympiques ont toujours été un moment clé pour affirmer des valeurs humaines en choisissant des slogans chocs. Tokyo ne déroge pas à la règle et transforme la formule latine chère aux fondateurs des Jeux, avec des valeurs humaines élargies : à la performance, on affirme « donner le meilleur de soi » ; à la compétition qui impose de lutter contre un adversaire, voire de souhaiter sa défaite, on affirme être « unis dans la diversité ». Une nouvelle dimension s'ajoute, celle de la transmission aux générations à venir, « léguer un héritage ». Ces trois axes devront être respectés dans tous les domaines des Jeux.

TOKYO 2020

TOKYO 2020
PARALYMPIC GAMES

Les emblèmes des Jeux olympiques et paralympiques 2021 (décalage d'un an en raison du Covid-19).

Rien au hasard, tout dans la philosophie

Le Japon est la terre d'une philosophie ancestrale. Les JO sont aussi l'occasion pour Tokyo d'affirmer les valeurs fondamentales de la société japonaise. C'est sans doute pourquoi le Japon a choisi le logo géométrique dessiné par Asao Tokolo, dessin qui est en lien direct avec cette volonté de toucher l'humain en chacun de nous et de faire avancer le monde. Il l'a présenté comme le damier de l'harmonie. Voici la narration qui accompagne le logo :

Nous sommes tous différents, et c'est ce qui fait notre charme.

Nous sommes tous différents, et c'est ce qui nous unit.
Le moment est venu, où chacun se respecte et s'entraide.
Les deux emblèmes sont composés avec les mêmes formes et le même nombre de rectangles.
C'est la preuve que nous sommes tous égaux.
Les gens s'allieront, indépendamment des handicaps et des barrières.
L'émotion et l'excitation du sport peuvent être partagées par tous, sur l'ensemble de la planète.
Elles fédèrent les populations.
L'avenir commence ici, assurément.

Une flamme d'espoir, de résilience et de modernité

La cérémonie du « Grand Départ » de la flamme a eu lieu le 25 mars 2021, à Fukushima, un an après la date initialement prévue. Elle doit sillonner le pays en n'oubliant aucune contrée et en mettant en valeur la richesse du pays. Des monuments emblématiques du Japon jalonnent son parcours. Symbole de réconfort et de soutien, notamment pour les régions durement frappées par le séisme de 2011, elle apporte la lumière et dit « L'espoir éclaire notre chemin ».

La flamme a été allumée le 12 mars 2020 en Grèce puis a voyagé en avion jusqu'au Japon.

Deux astronautes japonais ont été nommés ambassadeurs de l'espace et encourageront depuis l'espace les porteurs de la flamme. L'univers entier est concerné, il n'y a plus de frontières.

Des pictogrammes redynamisés

Les pictogrammes sont des figures stylisées pour faciliter la communication, c'est un langage universel.

Les premiers pictogrammes ont été introduits lors des JO de Tokyo en 1964. Les Jeux revenant à Tokyo en 2021, il s'agissait de les moderniser. C'est mission accomplie avec le travail du cabinet de Masaaki Hiromura, qui a été mandaté avec son équipe de designers pour travailler sur ce projet pendant deux ans.

Les nouveaux pictogrammes des sports pour Tokyo 2021.

Les mascottes

Plus de 200 000 classes ont voté pour choisir les deux mascottes des Jeux.

Deux mascottes ont été choisies en juillet 2018. Elles portent des noms très symboliques. Celle des Jeux olympiques s'appelle Miraitowa, (prononcéez : mi-laï-to-wa), qui réunit deux mots japonais : *mirai* (avenir) et *towa* (éternité). Celle pour les

Jeux paralympiques s'appelle Someity (prononcez : so-meï-ti), qui fait référence aux cerisiers, symbole du Japon, et résonne eavce l'anglais *so mighty* qui signifie « si puissant ». Les deux mascottes sont inspirées du monde du manga, des super-héros et du dessin animé : elles sont dotées de super-pouvoirs. Leurs vêtements sont en damier bleu indigo qui est le symbole visuel de ces Jeux en rose.

Des sports pour la première fois

Chaque nouvelle édition des Jeux est l'occasion de présenter de nouveaux sports et disciplines. À Tokyo, deux sports sont réintégrés : le baseball et le softball, disparus des JO respectivement depuis 2005 et 2008. Quatre nouveaux sports sont inté-

Les mascottes Miraitowa (en bleu) et Someity (en rose).

grés pour la première fois : l'escalade sportive, le karaté, le skateboard et le surf. Deux nouvelles disciplines font également leur entrée, le BMX freestyle et le basket-ball 3×3. Du côté des Jeux paralympiques, les athlètes pourront désormais s'affronter en taekwondo et en badminton.

Des médailles et des podiums écoresponsables

Il faut compter environ 5 000 médailles en or, en argent et en bronze. Le défi est de taille, sans compter que le Japon innove et préserve la planète. Ces médailles seront fabriquées à partir de métaux recyclés récupérés dans les batteries usagées, les ordinateurs, les appareils photos… Quant aux podiums, ils seront fabriqués à partir de plastique recyclé. C'est donc une collecte nationale géante qui est organisée. Des opérations de nettoyage de l'océan sont même prévues.

C'est un message fort que le Japon envoie au reste du monde sur une consommation excessive de plastique.

Des Jeux durables et responsables

On a parfois à l'esprit des villages olympiques fantômes, avec une fortune dépensée pour un temps très court, celui des Jeux. Le Japon voit la situation très différemment et mise sur la récupération. Au cœur du village olympique, une place sera conçue en bois provenant de nombreuses régions du Japon. À la fin des Jeux, chaque région récupérera le bois et pourra s'en servir pour ses propres constructions publiques. Les logements seront vendus et occupés par la population.

Stade tout neuf, public réticent

Le nouveau stade aurait pu accueillir 60 000 spectateurs, sauf que le contexte sanitaire imposé par la pandémie ne le permettra pas. Les Japonais sont massivement hostiles, d'après les sondages, à l'organisation de ces épreuves. Les spectateurs étrangers sont interdits et le CIO a réduit le nombre d'invités. Le stade ne sera pas plein.

Le thermomètre pouvant afficher plus de 40 °C, les épreuves de marche et de marathon sont organisées à Sapporo, sur l'île d'Hokkaido au nord.

Le nouveau stade national de Tokyo.

INDEX

L'AUTRICE

Magali Wiéner écrit depuis vingt ans pour la collection « Castor Doc » :

- *Le Théâtre à travers les âges*
- *La Poésie à travers les âges*
- *À la rencontre des chevaliers*
- *À la rencontre des Romains*.

Elle est également l'autrice de romans pour adolescents :

- *Sophie Scholl, la rose de la liberté* (Oskar, 2009)
- *Rimbaud, une vie en enfer* (Oskar, 2010)
- *Les Carcérales* (Milan, 2010)
- *À quoi tu ressembles ?* (Le Rouergue, 2017)
- *J'ai envie qu'on m'aime* (Le Rouergue, 2018)
- *Nuit rouge* (Le Rouergue, 2021).